生活轻哲学书系

阿兰·德波顿 主编

THE SCHOOL OF LIFE

HOW TO WORRY LESS ABOUT MONEY

我 想跟自己 谈谈 金钱哲学

〔英〕约翰·阿姆斯特朗 著 曾桂娥 译

人民文学出版社
PEOPLE'S LITERATURE PUBLISHING HOUSE

著作权合同登记号　图字 01-2016-2903

图书在版编目(CIP)数据

我想跟自己谈谈金钱哲学/(英)约翰·阿姆斯特朗著；曾桂娥译. —北京：人民文学出版社，2016
(“生活轻哲学”书系)
ISBN 978-7-02-011740-6

Ⅰ. ①我…　Ⅱ. ①约…　②曾…　Ⅲ. ①经济哲学-研究　Ⅳ. ①F0

中国版本图书馆 CIP 数据核字(2016)第 132575 号

责任编辑　**卜艳冰　张玉贞**
装帧设计　**赵　瑾**

出版发行　**人民文学出版社**
社　　址　**北京市朝内大街 166 号**
邮政编码　**100705**
网　　址　**http://www.rw-cn.com**

印　　刷　**山东德州新华印务有限责任公司**
经　　销　**全国新华书店等**

字　　数　**75 千字**
开　　本　**890 毫米×1240 毫米　1/32**
印　　张　**5.5**
版　　次　**2016 年 8 月北京第 1 版**
印　　次　**2016 年 8 月第 1 次印刷**

书　　号　**978-7-02-011740-6**
定　　价　**28.00 元**

如有印装质量问题，请与本社图书销售中心调换。电话：01065233595

目录

Introduction

第一章　引　言

这本书探讨的是金钱焦虑，而不是经济困境，这两者之间有重大区别。

困境是迫在眉睫的，需要直接行动。比如，我不知道怎样才能付得起汽车保险费。我从未按时付清信用卡账单：它就像挂在我脖子上的一块石头。我14岁的儿子只知道在学校里浪费时间，我真希望能送他去一所私立学校，但我承担不起这笔费用。

面对这样的金钱困境只有两条路：要么通过调整债务、挣更多的钱或削减开支来增加金钱，要么只能维持现状。

相比之下，金钱焦虑更多的是揭示焦虑者个人的内在状态而不是外部世界的状况。

让你焦虑的是你脑子里的想法，而不仅仅是你的银行账户情况。焦虑完全不受时间的限制，比如：我担心自己在15年前所做的财务决定实在太糟糕；我担心孩子们成年后没有足够的钱。焦虑与想象和情感相关，而不仅仅关乎当下发生的事情。

因此，应对金钱焦虑的方式应该与解决经济困境的手段大相径庭。在应对焦虑时，由于每个人都不一样，我们必须重视思维模式（思想）与价值观体系（文化）。

一般来说，关于金钱的建议涉及的也是这个问题：怎样才能获得更多的钱？这个建议包括增加个人财富的提议和方法，比如：建立资产状况；获得薪水更高的工作；和富人结婚。这一建议的前提是我们已经知道自己需要多少钱（“更多的钱！更多的钱！”）及其需要钱的原因（“这种问题也要问，你疯了吗？”）。而理想状况是，只有在已经明白自己需要多少钱及其用途后，我们才提出：“怎样才能获得更多的钱？”

金钱建议则不一样，它应对的问题是：我如何才能节省开支？省钱的点子非常多，比如：剪掉信用卡；强迫自己记录每笔开支；调低家里的暖气温度，多穿一件毛衣；收集优惠券。显然，假如你已经设定了正确的目标，并且只是想通过节省开支达到目的，那么这些策略可能都十分有用。但它们并没有解决一个基本的问题：我到底需要钱来做什么？或者换一种说法：金钱和幸福生活之间有什么联系？

换句话说，在我们的文化中，大多数建议针对的是财务困境而不是金钱焦虑。金钱在我们的生活中影响深远，所以，这就成为一个问题。一个人与金钱的关系是持续终生的，影响着个人的自我认同感，决定着一个人对他人的态度，让几代人变得亲密或疏远。金钱是一个舞台，在这里，贪婪与慷慨、智慧与愚蠢同台表演。自由、欲望、权力、地位、工作、财产，所有这些主宰生活的宏大概念，几乎总是与金钱密不可分。

在教学哲学中，培训与教育之间有着明确的界线。培训的目的是教会一个人如何更加有效、切实地完成某项特定工作。而教育的目的则是开拓、充实一个人的思想。要培训一个人，你不需要了解他的性格、爱好及其来参加培训的原因。而教育则关注一个人的方方面面。从古至今，我们总把金钱看作是一种只需培训的技能，而不是一种需要教育的重要议题。

一个人最宽泛、最模糊的想法——例如他对于人类状况、对“生命、宇宙和所有一切的意义”的看法——最终决定了他看待金钱的态度。这意味着一些表面看来毫不相关的想法可能会改善或阻碍个人与金钱的关系。

例如，马克思就认为金钱属于一个极其不公平体系的一部分，无论是成功者还是穷困潦倒的人们，都逃脱不掉这一体系的摧残。唯一可能的方法，就是彻底抵制整个体系、摆脱体制的传送带，或者发动革命。从这个角度来看，金钱就是阻碍这个世界发展的一大负担。

另一方面，倡导自由市场的芝加哥学派认为，金钱实质上是一个中性的媒介，人们为了实现利益最大化，通过这一媒介理性互动。从这个角度来看，金钱是无害的。表面上源于金钱的缺陷，事实上都是理性失灵造成的结果。一个人的经济生活是一种自由的创造。

这些观点无疑都是宏观的知识建构，当然也没有谁会用如此精确详尽的思考模式看待金钱。但我们确实会按照某种模式进行思考——或许比较模糊、比较诗意或比较单调而已。在与金钱的互动中，我们自然会带有自己对生活和世界的看法。我们的目的并不是立刻对马克思或自由市场理论家的观点表示赞成或反对，而是利用他们的观点激发一个比较个人化的探索任务：我（或者你）到底怎么看待金钱？这一问题就是本书的主要目标：帮助我们找到自己的金钱观，明白金钱在生活中扮演的角色。

Thinking about Money

第二章　思考金钱

一　金钱焦虑的真正内涵

常见的金钱焦虑一般有以下四种：

（1）没有钱，我的生活就会出现许多痛苦和困难。由于没有足够的钱来保护自己，我会蒙受耻辱。我的社会地位将会很低。

（2）金钱会迫使我为了维持生活而花大量时间去赚钱。这并不完全是浪费时间；只是我因此无法去做许多追求成就感、自我实现以及具有价值的事情。我会花很多时间来考虑偿还债务及信用卡账单，而不是处理一些更为重要的事。此外，金钱是种极度不可靠的东西。我会存钱，但是市场上出现一些动荡，我的存款就会付诸东流。

（3）我会错失我所渴望的美好事物。我永远住不起漂亮的房子，不会拥有一辆名贵的汽车，不会度过愉快的假日，不会感受到舒适温暖与安逸——在我看来，这些都源自雄厚的经济基础。这让我对自己和整个世界感到愤怒。我担心自己的生活会失败，而这种失败又与自己缺乏更好的理财能力有关。

（4）金钱就像病毒。为了钱，人们会做出许多可怕的事情。金钱的运转逻辑似乎完全漠视美德、苦难或正义。命运似乎毫无来由地决定了这个人过着靠乞讨勉强度日的生活，而那个人却能面对证券经纪人提供的天文数字的对账单。金钱体系把人压得几乎透不过气来，无论是我还是任何人都对它束手无策。

如果我们要解决自己的焦虑，就需要先了解这些焦虑，才能想办法做出回应。我们的焦虑来自哪里？焦虑背后有些什么东西？我们到底在担忧什么？当我们将担忧转化为具体问题时，我们就在进步。不过前提是，我们需要将它们转化为正确的问题。

之所以会产生金钱焦虑，是因为我们没有对以下这些根本问题给出准确的答案：

（1）我需要钱做什么？也就是说，对我来说，什么事情才是重要的？

（2）我需要多少钱去做那件事？

（3）我获得那笔钱的最好方法是什么？

（4）我对他人承担什么样的经济责任？

这些问题与我们最初的焦虑直接相关。这些都是非常严肃的问题，但它们都找得到真正的答案。

我们生来很容易从一种焦虑转移到另一种焦虑；我们随意改变话题，但却没有任何实质进展：

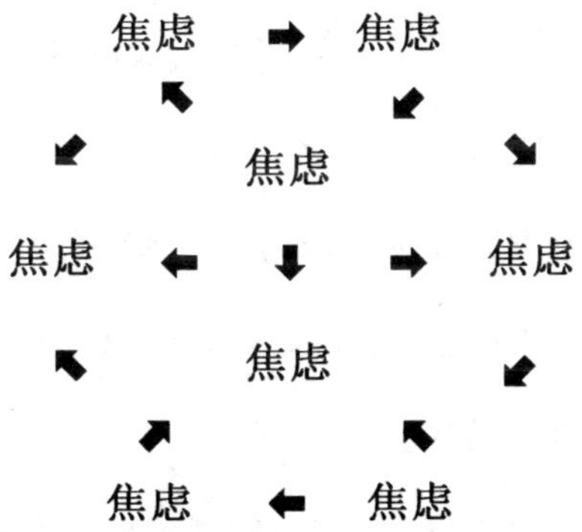

另一种比较好的思维习惯则是把焦虑牢记心中，这样就能把焦虑转化为真实的问题：

焦虑 ➡ 问题 ➡ 答案

强调这一点听起来也许有卖弄学问的味道，但这确实是一个极重要的原则。在应对金钱焦虑时，如果我们没有认识到它们源自一系列潜在的问题，那么我们永远也不会进步。那些问题关乎我们的价值观、生活方式和人生观。当涉及钱的时候，我们的焦虑不仅涉及经济学，也关乎心理学；不仅涉及银行账户余额，同样关乎灵魂。

所以我们的首要任务是了解自己的焦虑并顺藤摸瓜找到潜藏的根本问题。在第一次检查之后，你很可能会觉得这些焦虑显得有些来历不明。我通常不知道自己究竟在担忧什么。这并不是说我的苦恼没有缘由，只是我并不十分确定到底是什么导致了我的苦恼。

比如说，每当我看着自己的汽车时，常常产生对金钱的焦虑。这辆车我已经开了十年，已经有了不少刮擦和小问题，会发出奇怪的喀嚓声，挡风玻璃上的雨刷器会剧烈抖动，保护轮罩拱下侧的一块塑料已经脱落好些时候了。车内从来就没有彻

/ 看着我的车就能让我对金钱感到焦虑——但焦虑的源头是什么呢?

底干净过，车的一侧还有一个在地下停车场倒车时不慎撞出的凹痕。但它仍然能开，并且性能可靠。我也没有钱换辆新车。

但我的潜意识告诉我，这不是我想要开的车。我想要一辆更有趣、更别致或者至少更高档的车。在网球俱乐部停车的时候，当我看到周围有其他同样平价的车时，我会松一口气；而当我看到一些更加高档的汽车时就会感到很恼怒。这么说我很羞愧，但这是事实。

让我焦虑的是，我认为自己像一头困兽，永远无法获得更好的东西。我都买不起一辆让自己满意的小汽车。

事实证明，这一焦虑与汽车本身并没有什么实质联系。确切地说，它与想象力和社会关系有关。那么，我究竟在烦恼些什么呢？仔细想想，其实我所烦恼的是自己没能妥善照料自己的东西。如果我好好保养自己的汽车，那它现在就会依然状态良好，我也就不会对它的十年车龄以及普通牌子感到烦恼。我现在明白了：当我看着这辆车的时候，我看见的其实是一种懒惰的后果——经常拖延微小的修理、从不清理后座等等。我烦恼的是自己的性格。而即便购买一辆新车——这笔费用是个沉重的负担——也不会让我更加善于保养它。事实上，我认为新车的吸引力其实与重新开始有关：我悄悄地告诉自己，下一次我会好好照料自己的车。但那是不现实的。我过去都没有照料好，凭什么现在就能改变呢？

烦恼的“对象”并不明确，这一事实确实十分重要。正如我所说的那样，它意味着我们的首要任务是思考，而不是急于去寻找解决方案。

再举一个例子：对于我来说，威尼斯一家大酒店也会引起我的焦虑。这家酒店优雅别致，让人着迷，价格也奇贵无比。每当想起它的时候，我就感到沮丧失望。我厌恶地盘算着自己银行账户上微薄的数目，想着自己永远都不可能住进这家酒店。当然，世界上还有无数我消费不起的东西，无数价格昂贵的酒店，为什么偏偏这家酒店让我感到焦虑呢？

仔细思考后，我第一次发现自己将那家酒店与我钦佩的历史人物联系了起来。我听说约翰·罗斯金（John Ruskin）曾经住过这家酒店，也十分确定作家西里尔·康纳利（Cyril Connolly）和历史学家肯尼斯·克拉克（Kenneth Clark）曾经住过。对于我来说，那家酒店意味着：你可以像他们一样。

这个想法一经说破就显得有些愚蠢，因为住在那儿并不会让我与他们产生本质上的共同点。但这一事实表明：焦虑最终并不完全和钱有关。其实我的烦恼是，与那些我钦佩的人相比较，我碌碌无为、缺乏勇气。这些是应当设法应对的焦虑，但住上这家豪华酒店显然不是问题的答案。

我的另一个金钱焦虑是，孩子们长大后赚不到足够的钱。我现在想方设法存钱，好让他们以后有保障。如果我每周都存一小笔钱，50 年后这些钱会带来多少复利？（我承认，这是太久以后的事情，可能帮不了什么忙。）但我现在认为，真正的烦恼在于我担心孩子们是否能够具备独立的能力，担心那充满未知的未来。也许他们不会在乎我看重的东西。我正面临着这样一个事实：我不能想象他们长大成人的样子。那个在沙坑里玩耍的小姑娘，以后要怎样才能达到中产阶级的收入呢？因此，我的焦虑是存在主义的：孩子们会长大，成为自己人生的主导者，他们会离开我。

我们需要解决方案，却经常不了解问题到底是什么。我此时的烦恼只是部分与金钱相关，而真正的重点是在于我能否获得他人的喜欢、孩子们是否幸福，自己对成功的秘密渴望以及我的生活方式能否持之以恒。当然，我们刚开始思考的这些问题还十分模糊。由于这样，我们很容易忽略它们。但是事实上，正是由于它们的模糊性，我们才需要额外关注，弄个明白。

二　与金钱的良好关系

良好关系都有一个基本特征：能更加精确地分配责任。当出现问题的时候，你明白自己和别人各应该承担多少责任；在取得成绩的时候也一样，你知道自己的努力是部分原因，而其余则归功于合作伙伴的贡献。

这一模式同样适用于金钱。当事情变好或变糟的时候，部分结果是你造成的，部分结果是金钱造成的。

金钱带来的是一定程度的购买力。你给这一关系带来的元素包括想象力、价值观、情感、态度、抱负、恐惧和记忆。所以这层关系绝不仅仅是你挣了多少、花了多少这样纯粹的经济事实。

这一关系模式表明，围绕着数量（或者说你有多少钱）来解决问题本身通常不会产生我们所期待的效果。也就是说，

/ 他们在沉思生存的奥秘，金钱似乎毫不相关。
《月亮升上海面》，卡斯帕·大卫·弗里德里希，1822年。

/ 她在沉思生存的奥秘，金钱感觉是一个压倒一切的核心。

要想化解金钱焦虑，试图通过讨论金钱数量——增加收入或节约开支——并不是理想的策略。关键在于，改变你与金钱的关系以及你对金钱的态度。

金钱的焦虑和人生的期盼，这二者的冲突真实存在，且影响深远。有时候我们认为它们也许能画上等号——金钱也许会与幸福密切吻合，有时候这二者的冲突则着实让人感到痛苦。一张数额巨大的电费账单来了，该缴纳房屋保险费了，我还需要做一个昂贵的口腔护理……这样的状况实在让人无法应付，而且我的人生似乎总是这样。我永远都不能去看望我远在海外的妹妹吗？我们永远都不能装修一下厨房来改善我们的家庭生活吗？

金钱主题对于个人生活和集体生活有着巨大影响，认识到这一点是很重要的。围绕着金钱的斗争类似于过去某些重大的道德事件——尽管在我们的文化想象中，那些道德事件的地位总是比日常生活中的冲突高出许多，例如信仰与理智之间的斗争，或者个人需求与国家要求之间的潜在冲突等。

索福克勒斯的《安提戈涅》描写了私人生活与个人对国家的义务之间的一个基本冲突。主人公安提戈涅对哥哥（一个叛徒）比对自己所生活的城市更加忠诚。当那座城市深陷危难之时，她这么做对吗？

该剧的伟大之处在于：作为旁观者，我们可以看到矛盾双方的正义和合理之处。悲剧性冲突就这样呈现在我们眼前，我们可以感受到每种主张都有说服力，也都有合理性。

同样，我们感到金钱和生活似乎卷入一场永不停歇的斗争之中。你可能像我一样生活在恶劣的环境中，渴望赚到足够的钱来摆脱这种环境，但是那样又会让你感到一种连根拔起的无依无靠感。或者说，为了赚到足够的钱好让自己在这个充满竞争的世界中生存下去，你也许会觉得自己不得不出卖原则，并且永远都不可能将精力花在你真正关注的事情上，比如家庭、创造力、改变世界，或者仅仅是打理自己的花园。

我们必须努力达成某种和解——要正确认识这些相互冲突的要求之间有什么联系，以及如何将它们加以融合。这样一来，我们才能找到完美的解决方案。如果我们仅仅站在安提戈涅这边，那就没能领会这部作品的要义，就像如果我们只是说金钱是可怕之物就误解了金钱的主题一样。在某些方面，金钱确实很可怕，但它同时也有着非常美好的一面。

索福克勒斯通过《安提戈涅》向他那个时代的人们展示了某些冲突的深度和力量。人与金钱的紧张关系、不确定性和混乱，也都是生活中的重大主题，而不是无聊的消遣。仔细考查我们的失望、在各种事物中做出痛苦抉择、变得独立、渡过难关、为了长远利益而舍弃眼前的娱乐等等，这些都是成熟人生的重要方面，而不仅仅是金钱强加给我们的不幸的阻挠。

焦虑是不可避免的。金钱是生活中的一个重要主题，我们理应为之操心，其目的不在于打消对金钱的所有焦急或清醒的看法。（尽管商界的一位朋友说他想要的就是："要是永远都不用再为钱发愁就好了；再赚个几百万，我就永远不用再考虑钱的问题了。"）

在个人和集体与财富和贫穷的关系中，我们不应该回避那些痛苦、不确定和困难的方面。焦虑是一种心理劳动：理想状态是我们为了更有目的、更有思想的事情而焦虑。有人也许会说，成年生活的目标就是学会人无远虑，必有近忧。

我们对重要的事情感到焦虑；焦虑意味着关注。因此，你对金钱的焦虑程度应该有多大？你应该在哪些方面对金钱感到焦虑呢？哪些原因应该让你产生金钱焦虑？你应该对金钱感到害怕吗？对自己的认识、技巧和勇气都是治疗恐惧的灵丹妙药，虽然它们并不足以赶走危险，但能让我们在面对危险的情况下仍拥有更富足的人生。

一个勇敢的人并不会忽视威胁。他们会敏锐地意识到风险的存在，只是他们有足够的信心和勇气去面对，而不是被吓得面无人色。

所以，我们每个人都有机会改变自己如何看待我们与金钱的关系。我们并不是要漠视金钱，而是希望能与它保持一种明智的关系。这就是本书的重点所在：我们在处理与金钱的关系时，如何将想象力、自我认识、成熟的情感以及自己的人生观、社会观与之结合起来。

The Secret Meaning of Money

第三章　金钱的神秘意义

一　当钱不再是钱的时候

感情负担、焦虑以及偏执都会给各种各样的关系造成障碍，所以，它们为我们与金钱的关系带来麻烦也是很自然的。我们并不一定认识到金钱对于我们深层的想象意味着什么。金钱也许意味着地位、安全感、成功、报复、拯救、道德优越感或负疚感等等，不一而足。这些都是人生的宏大主题，会影响我们与金钱的关系并表现出来，有时候这种关系会带来不幸的后果。

为了更清楚地探讨这种关系，请先看看我认识的几个人的故事。

1. 埃迪

多年以来，埃迪一直说，要是多一些钱，就会大大改善自己与妻子的关系。他的想法是：如果他们能够每周去餐厅享用一次晚餐，并能请得起保姆，那么他和妻子就会好好地聊聊，从而激起对方的兴趣并且兴奋起来，然后就会享受高质量的云雨之欢。这些年来，他们已经挣到足够的钱，可以在某几个晚上外出用餐，但他们却没这么做。

尽管埃迪坚持认为这个问题与钱有关，但其实它从前跟金钱没关系，现在也没有。最近他又说，如果他们能够搬到一座更宽敞、更昂贵的房子里去住，他们就会对彼此产生美妙的感觉，愉快地外出用餐，借此让婚姻升温。

对于埃迪来说，金钱具有一种神秘的意义。它是不美满家庭关系的神秘解药。在他的想象里，金钱如同一种春药。这种错误的观念源自与他父母的关系。当埃迪还是个孩子的时候，他非常讨厌父母外出就餐。有一次，当他母亲打扮一新、准备外出时，他竟然呕吐在她的鞋上。因为一想到父母把他扔给保姆、独自在外享受，他就怒不可遏。而且，当他还是孩子的时候，母亲“精心打扮准备外出”意味着“花许多钱”。这一联系深深地印刻在他的脑海之中：金钱意味着大人们一起度过一段令人羡慕的美好时光。所以，现在当他的婚姻渐趋平淡时，他觉得如果有更多的钱就一定能解决问题。

这意味着他想用钱来做一些钱做不到的事情。埃迪显然没有意识到自己想用金钱去解决感情问题。确实，金钱常常引起感情方面的问题。夫妻若是负担着超出偿还能力的债务，就会感到沉重的压力。（事实上，正是债务毁了埃迪父母的婚姻。）在这种情况下，夫妻俩都会变得烦躁不安、忧心忡忡，经常吵架。你告诉自己，归根到底这就是一个钱的问题，所以只要有更多的钱，就会改善你们之间的关系。

所以，我们已经习惯了金钱能够缓解紧张关系的看法，只是埃迪的例子并不是这么一回事。首先，他的问题是感情问题，但他却把它当成了金钱问题。

2. 詹姆斯

在过去三十年里，詹姆斯通过房地产公司及其他商业活动积累了大量财富。他是英国一千位最富有的人之一，他对失败和贫穷深感恐惧。

他的财富实际上相当安全。他拥有土地、房产、多辆汽车、马匹以及家具等等。他的投资组合比较保守，并且把为家人准备的钱放在多家信托机构中。他购买了许多商业保险，已经大范围地撤出在创业之初所经营的那些业务，所以他现在不再承担那些风险。他的恐惧是非理性的，但知道这一点无助于减轻恐惧。

詹姆斯觉得自己陷入了金钱困境，他的的确确认为自己的钱不够多。他看着自己的资产清单，心中满是焦虑。他急需更多的钱。

真正解除詹姆斯的焦虑的方案不可能是经济手段。如果苏格兰的城堡、英国湖区的豪宅、爱丁堡新市镇的一栋房子以及所有的那些股份、保险契约和信托合同还不能使他拥有安全感的话，那么我们可以肯定地说：任何物质财产都不能给他带来安全感。他的焦虑根本与经济无关，只是表面上让人觉得有关系而已。

詹姆斯需要用更乐观的方式来克服恐惧、寻找慰藉。也许艺术、宗教或改变他对家人的态度能发挥重要作用。但是，由于詹姆斯认为自己的焦虑和金钱有关，所以他并没有将自己饥渴的智慧转向其他方面。

在詹姆斯的想象中，金钱就像一位随时可能抛弃自己孩子的不可靠的母亲。当他这样想的时候，他就不能有效地用金钱抚平恐惧。因此，无论积累多少财富，他的焦虑都不会得到缓解。

换句话说，詹姆斯陷入了一个陷阱中。他的心目中，有时坚持认为金钱会使他获得安全感，有时则坚持认为金钱不可靠。所以无论他积累了多少财富，他的焦虑程度都不会下降。

为了改善与金钱的关系，詹姆斯必须做一些事情，这些事情乍看起来与他的经济生活毫无关系。他还必须勇敢地面对自己的心魔——不安全感。

3. 佩特拉

从记事的时候开始，佩特拉就感觉自己陷入了与表妹西蒙的激烈竞争中。尽管她们在过去的五年中几乎没有见过面，但是私下里佩特拉以她为标杆，用以评判自己的人生。当佩特拉从两人共同的朋友那里听说西蒙在事业上越来越成功时，她感到十分不安。部分原因是，许多年来，她一直比西蒙过得好。当西蒙在法学院读书时，佩特拉已经富裕起来：她有舒适的房子，能够享受精彩的假期。佩特拉在内心深处无意识地认定：她更加优裕的经济条件证明了自己在其他方面比西蒙更优越——她更聪明、更有亲和力、更漂亮、更能审时度势，也更有资格拥有美好生活。

佩特拉对金钱的态度让朋友们感到困惑。她是一个资深的公务员，工资是全国平均水平的三倍。她现在单身，儿子已经 20 岁。她经常对自己的生活深感不满。她讨厌自己的公寓（尽管朋友们非常欣赏她家的布置）。她感觉自己很失败，总是幻想假如自己有更多的钱会做些什么事情。

在佩特拉的想象中，金钱是她与表妹竞争的战场。她到底需要多少钱呢？背地里她所能接受的唯一答案是："比西蒙的多。"

4. 安吉拉

如果安吉拉发现自己手里有一些余钱，那么这些钱是不会在口袋里停留多久的。

几年前，安吉拉的姨婆去世，给她留下了大约 2 万英镑的遗产，现在已经分文不剩。她去意大利旅游了一趟；遭到袋鼠养殖投资诈骗，愚蠢地损失了一些钱；她将 10% 的钱捐给了一家妇女收容所；有一段时间她经常乘坐出租车。她试过心理治疗，但对她没有多大效果。她购买了一张 18 世纪初的胡桃木茶几——摆在与人合租的房子里显得格格不入，但却是她从那笔遗产中留下来的唯一一样持久的东西。

每当安吉拉感到经济拮据、坐立不安的时候，就会惊恐地回想被她流水般花掉的那一大笔钱。当初她为什么不把那笔钱存入银行呢？

她对工作感到沮丧。她似乎无法找到一份自己真正喜欢的工作。她梦想着到一家总部设在哥本哈根的咨询公司工作，听说那里的工作很有趣。那家公司专攻商业哲学，在她看来，这就像安迪·沃霍尔的工厂与波士顿咨询集团的融合。但是，作为一个职业选择，它似乎过于遥远，希望渺茫。她正在职攻读应用伦理学硕士研究生，老实说，这一过程并不十分顺利。她目前的工作是教外国人英语，她以前挺喜欢这份工作。

尽管听起来很奇怪，但安吉拉确实害怕拥有足够的钱。她总是说自己想要多挣一些，多存一些钱。她讨厌自己经常身陷债务之中。在她的想象中，金钱是十分危险的。她34岁，但在她看来，自己理财意味着青春的终止和荒凉中年的开始（这是她对中年的认识）。她感觉自己有金钱方面的焦虑。可是在焦虑的背后，隐藏着意想不到的原因——包括她对自己、对生活的态度，对成熟和老年的看法以及内心暗自持有的幸福观等。

5. 史蒂芬

史蒂芬认为自己很穷。在与自己讨论焦虑的私密对话中，他经常使用“挣扎”这个词。他在一家书店工作。一有时间，他就写自己的东西：他一直想出版一个短篇小说集，但至今未能如愿。他对文学创作十分勤勉和严肃，试着以完全真实的方式捕捉细微的情感变化；他尝试着各种新颖而困难的表达形式。当他看到那些畅销书的书名时，就感到惶恐不已。市面上有如此多劣质简单的垃圾读物销售额达到了几百万。他感觉金钱是真理和本质的敌人。金钱不仅将所有试图挡路的人碾得粉碎，还建立起错误的标准。在他的观念里，出版商们并不在乎一部作品有多么好，他们只在乎自己能够从其中赚取多大利润。在一些派对上，如果他说自己是个作家，人们只在乎他的书卖了多少册。他将自己在一条破败大街上租住的公寓与富裕街区那些宽敞庸俗的房屋相比较。他走过商店，看到里面全是没有真实价值的奢侈品，以及纯粹用于炫耀地位的物品，还有各种令人迷失性灵的名牌产品。他说，我们住在柏拉图的洞穴之中。每个人都对虚妄的事物着迷——只在乎金钱，而不在乎真理。当然，当他指出这一点时，人们就对他心生厌恶。

6. 凯伦

几年前，孩子们开始上学后，凯伦便放弃体育老师的工作，开始了第二项事业：做理财顾问。这份工作让她得以密切接触一些比她富有得多的人。她开始深刻体会到金钱与身份的关系。显然，越有钱的客户对她的业务就越重要，因此她会在他们身上投入更多的悉心关注。每当她在时尚杂志的社交版面看到某个客户参加慈善活动或赛马大会的照片时，她总是知道那些人背后的关系。她知道金钱如何创造风采：谁与谁是朋友，"社交圈"各种不同的阶层是如何区分的。通常她能够迅速说出某人是真正的有钱人还是仅仅怀有"雄心壮志"（在她的辞典里这是一个骂人的词）。从某种程度上说，与这些富人们的亲密接触让她十分兴奋，但同时也让她逐渐变得冷漠。她通常都感觉不到自己对那些并不富裕的老朋友们失去了耐心，甚至有些厌烦。她下定决心要竭尽全力让自己攀上那个看起来真实的世界——财富世界。

与金钱相关的内心压力越来越重地压在凯伦身上，这种压力与拥有足够的钱维持生活并没有关系。金钱意味着身份，也就是：爱、关注、尊敬、自豪感、充实感。换句话说，对于她来说，金钱已经拥有了近乎宗教的意义，类似于以往被叫做"上帝的恩典"的东西。所以，解决她烦恼的真正方案与其说是理财策略，还不如说更像是道德重建。

这些例子只是想告诉大家，通常情况下，在人们内心深处，金钱已不再是金钱。它是优秀的证明，是邪恶之源，是胜过竞争对手的手段；是通往爱情的道路，是获得性快感的保证；它是毒药，是童年的消逝。

由于金钱充斥在我们的生活中，它不可避免地与内心最私密的层面纠缠不清。对于小说家来说，这种关系也许很激动人心，但如果想要幸福生活，它却是个问题。

它为什么会成为一个问题？举例来说，如果让我与父母的关系影响我的储蓄账户，或者努力通过在中年时期赚更多的钱来打败童年时代的竞争对手、赢得一场迟到的胜利，这些都只会以失败告终。这些过去的经历不应该影响我今天的财政决策。

严格说来，金钱仅是一个用于交换的中性机制，它本身什么都不是，仅仅记录着债务或信用状况。但从心理学角度来说，金钱——就像我们一直看到的那样——具有多种不同的意义。从一个极端来看，有的人也许会将钱尊为神灵。这并不是一种明确的信仰，只是揭示一个人的思想、感受和行为。在另一个极端，一些人的行动表明他们将金钱与邪恶等同起来，因此感觉注定会在经济上落败，并从这种失败中获得某种程度的认可。但是，他们必然会为这种认可付出极其高昂的代价。

金钱具有一种奇怪的力量，让我们做出各种不幸的行为。

关于金钱，我们容易对自己撒谎。我们想象中的金钱的秘密含义让我们非常希望回避或润饰真相，让我们具备了撒谎的动力。经济学通过抛弃个人层面的问题使其成为一门科学，但它也因此忽略了我们最需要理解的东西，那就是：个人与金钱的关系史。

许多人认为从宏观上思考金钱的问题不是自己的事情，毕竟个人的经验过于奇特，又充满个人色彩。一个人如何同时既真实可靠又带有普遍性地谈论金钱？自我批评的人会问：我有什么资格谈论金钱？

因此，我们必须做的就是打消这些疑虑和困惑，我们需要尽可能现实地看待金钱。为了我们自身的幸福和社会的福利，我们应该试着改善自己与金钱的关系。我们要甩掉那些毫无益处的包袱。但是，我们要怎么做呢？

二　如何看清本质

为了认识自己，我们来做一个实用的四步骤练习。请把你的答案写下来，越坦诚越好。

1. 承认

金钱在我们生活中的秘密意义通常是隐蔽的，因此人们很容易否定那个意义。一个人也许会本能地做出这样的反应：“当然，其他人都背着各种各样的金钱包袱，但是我却完全没有这样的障碍。”首先请你打消这种思考倾向，要进行这项练习，我们必须告诉自己：“也许我看待金钱的方式有些奇怪——只是我不知道具体是什么样的方式。”

2. 联想

试着从你所联想到的与金钱有关的词语开始。我先说说我想到的词语（我承认其中有一些在第一眼看来有点奇怪），希望能帮助你打开思路：困难，“我永远摆脱不了这种命运”，“阳光普照的高地”，粗俗，温暖舒适，“对你来说这不是问题”。

然后让这些词语的意思充实起来。这些词语对你来说意味着什么？这个词揭示了你对金钱的什么态度？请你写下来。以下是我的思考：

（1）**困难：**因为房价便宜而不得不住在一个不方便的地方，因此我不得不花很长时间乘坐公交车上下班，因此在早上抓狂，因此对海伦和孩子们态度粗鲁，容易发火，继而又感到内疚和悲伤。反思：我害怕为自己的时间管理承担起责任，我把这种恐惧与没有理想的收入关联起来。但是我把困难夸大了——我只要早点起床就可以解决问题，这意味着我应该早点上床，这又意味着我不能为了多看一集《白宫风云》而晚睡。

（2）**"我永远摆脱不了这种命运"：**这是一种宿命的感觉。每当我手里有一点余钱的时候，总会有一笔我没有考虑到的巨额账单或费用不期而至，这通常要花光我认为已经存下来的钱。正当我有些沾沾自喜的时候，海伦会说我们需要为孩子们矫正牙齿了，或者说屋顶有个地方需要修理一下。就这样，我的钱重新归零。反思：问题在于我逃避现实。我需要对预期的开销更加现实些。我早就知道牙齿矫正器需要花一大笔钱，我们也知道屋顶有个地方情况不妙，但我却忽略了。

（3）**“阳光普照的高地”**：意思是“总有一天一切都会好起来的”。我经常幻想能够拥有更多的钱。我想象着那一天会多么美好——所有的烦恼都烟消云散，幸福和快乐就是结局。但是，我却没有明确的时间表。“总有一天”只是遥远未来的某个不确定的时间。反思：我把金钱魔幻化了。我没有脚踏实地地考虑如何做到这一点，哪怕只是稍微现实些。

（4）**粗俗**：我时常留意这样的事情：在某些我重视的方面，很多有钱人不如我。我迷恋于美的事物，在看到富人们盛气凌人而又很俗气的时候，我的自我感觉会很好。反思：经济差距令人难堪，我努力保持自己的尊严。如果我更专注自己在乎的事，而不是热衷于批评他人，我可能会做得更好。

（5）**温暖舒适**：我对金钱能带来的东西的印象是：寒冷的夜晚穿上一件羊绒外套；完美的厚天鹅绒窗帘；不用为钱担忧的宁静的内心。反思：关于金钱的这种想法似乎与我在苏格兰度过的童年有关，金钱可以让我免遭寒冷，也许我认为金钱能保护我抵御其他危险。如果我有钱，没人会对我发火。说实话，我知道金钱并不能带来那种安全感。

（6）**“对你来说这不是问题”**：我可以对别人说这句话，但我害怕别人对我这样说。我会想象那人说这句话时口吻尖刻、充满憎恶。这句话的潜台词是：因为你很快乐，所以我不快乐。隐含的意思是：你不快乐的时候我才会快乐。反思：我认为自己实际上并不尖酸，但我害怕成为这样的人，同时担心其他人对我心怀尖酸。我是不是执着于改善自己的境遇而变得有些自私？

3. 个人历史

如果要更好地认识自己，你需要审视自己与金钱的关系史中的关键性事件。你对自己与金钱的关系感到自豪吗？对于金钱你感到最卑微、最尴尬的时候是什么样的情况？那时候你觉得自己周围的人怎么样？金钱如何影响了你的感情关系？在你的成长过程中，人们是否鼓励你对金钱保持一种健康的心态？

你赋予金钱多少“魔力”？你是注重人们看起来有多少钱，还是关注一个更微妙的问题：他们实际上有多少钱？回想一下，你的这些担心明智吗？你过于乐观吗？你对金钱的真正恐惧到底是什么？

为了让你有所行动，我先来说说自己与金钱之间的几个事件：

（1）7 岁的时候，我向别人宣称我父亲的身家已经“近乎百万”（实际上，他只是在经济盈亏历史中处于一个略微富裕的阶段），但立刻被人打断：“你真是个笨蛋。”我的恐惧：我喜欢吹牛。由于害怕受人羞辱，我不由自主地夸大了自己的经济地位。我无意识地把财富和愿望等同起来，但我知道这么做是荒谬的。

（2）我父母的经济状况急转直下，表面的优雅和财富（古董水晶雕花玻璃酒瓶、在普罗旺斯度假、驼毛大衣）变成真正的贫穷（曾在大街上抛锚的破旧小汽车；有时候没钱买食品或支付冬天的暖气费；我鞋子上的破洞——我不愿意要父母为我买新鞋），这种震荡让人惶恐。我的恐惧：我无法接受金钱的现实；我把金钱当作舞台道具；我认为金钱来去自由，与我有什么样的行为或决定无关。我认为自己没有责任，控制权不在我的手里。

（3）我们在当地一户富裕人家做客后回家，我那12岁的可爱妹妹钻进汽车后感叹了一句："他们真有钱！"母亲、哥哥和我都对她发出嘘声，让她住嘴——尽管只有我们听到她的话。我们为什么这么生气？我的恐惧：贫穷伤害了我的虚荣心；我不能忍受别人提醒自己是穷人。

（4）我曾被我的第一任女朋友羞辱。她的家境非常殷实，尽管按照我的标准看来，她已经富得流油，但她仍然认为自己缺钱花。她这样解释她父母对我的态度："他们喜欢你，但你对于他们来说是一个谜；他们认为年轻人应该买几辆赛车，创建出版公司或进入议会。"他们说得就好像我不过是忘了做这些事情似的。我的恐惧：出身贫困是终极错误。

（5）有时候，我并不十分清楚维持婚姻是不是为了钱（海伦一直比我挣得多），或者说金钱是否仅仅帮助婚姻度过困难时期。我的恐惧：我唯利是图。

（6）做出糟糕的决定后，我总有一种痛苦感，例如：说服自己放弃一项非常英明的房地产投资，然后在并不十分看好的投机活动中浪费金钱。这种严重错误让我们忍受了多年的焦虑。我的恐惧：在理财上我是个傻瓜。

（7）我一直很难挣到一份稳定的中产阶级收入。我的恐惧：在经济问题上，我缺乏才能和毅力。

4. 找到合适的朋友

逐渐了解个人与金钱的亲密关系，从纷繁的金钱问题中弄清楚焦虑的真正原因是一件非常个人化的事情，但其实它并不是一个人的问题。

公开谈论金钱通常是一个禁忌：太有可能导致冲突、憎恶和谎言。至少根据我的个人经验，甚至朋友之间通常也不太讨论我们经济生活中真正隐私的方面。

但是，与那些有意提高自己与金钱关系的质量的人们交往是一件好事。“消除烦恼”工程是一件私房事：理清个人与金钱的关系，增强自我意识、变得更加成熟，这些都在每个人的大脑和生活中进行着。当然，如果我们所处的社会对于金钱非常理智，每个人都对经济问题承担着成熟的责任并且目光长远，事情就好办多了。但不幸的是，情况并不是这样。

因此，如果与那些能够帮助我们成长的人交往，我们就能获得裨益。在这件事上，我们就能与金钱保持明智、有效的关系。

但令人惊讶的是，事情的关键不在于通过找到这样一群迷恋金钱或者热衷于投资策略的人（虽然我们身边有很多这样的人）；关键在于我们都愿意保持清醒和诚实，愿意理清我们与金钱的关系。因此我们该如何找到合适的朋友呢？我们在这些人当中寻求些什么呢？以下 7 个特征或许有一些参考价值：

（1）**鼓励我们面对现实的人**。在简·奥斯汀的小说《爱玛》中，主人公爱玛鼓励她地位低下的朋友哈丽埃特与社会地位高的富有男人相爱；尽管在那个时代，她其实根本就没有机会嫁给这样一个男人。这一野心差点毁了哈丽埃特的幸福生活。我们过于看重鼓励，以至于忘记了把期望值抬得过高容易让人痛苦。最终，哈丽埃特是幸运的，她嫁给了一个合适的丈夫。在这样的情况下，面对现实并不是羞辱哈丽埃特，而是弄清她的真实需求。爱玛没有充分考虑真实的哈丽埃特是什么样的人，哈丽埃特的美满人生完全不需要借助婚姻攀高枝。

（2）**不把金钱作为侮辱他人的方式的人**。你偶尔能够碰见炫富的人，他们的言下之意是，如果你的钱没他们多，他们眼里根本就没有你：你属于一个更低等的族群。奇怪的是，用金钱来羞辱人并不仅仅是富人们的特权。当你在饭店里点了一瓶较为便宜的红酒时，倒酒的服务生可能会鄙视你；或者当你在酒店前台决定不要套间时，接待员的态度会让你觉得自己很可怜。并不是因为他们有钱，而是他们在暗示：只有当你花大钱时我才会尊重你。你最好避开这一类人。

（3）**不散播对金钱的绝望和憎恶情绪的人**。有些人将自己对金钱的恐惧转化为蔑视；他们希望你也持同样的态度。在他们眼里，所有与赚钱相关的事物都是可耻的、不公平的。通常你会发现足够的证据来支撑这种信念；他们总是将坏消息照单全收。别和这些人交往，他们会污染你的心智。

（4）**鼓励良好习惯的人**。他们树立了好榜样；如果他们觉得花钱买自己想要的某样东西并不明智就不会去买；他们买二手衣服，并且不会因此觉得丢脸，而认为这是一种明智的节俭。

（5）**坦诚分享自己的经济经历的人**。我本人对于金钱的思考很大程度上受到了一位商界朋友的影响。他那时已经十分富有，但他跟我说起了十年前的破产经历。他谈起自己对事业的热爱、如何为了拯救自己的事业孤注一掷、失败后强烈的挫败感以及在随后惨淡的岁月里如何学会勤俭度日，我被深深地打动了。他的讲述生动丰富，让我浮想联翩。理想的状态是，我们能够从他人的经历中获益，但前提是讲述人在分享经验教训时足够完整、坦诚。人们很少有机会了解他人的私生活，而我们的金钱观通常是从别人生活的表面现象得来的。但如果一个人树立了正确的榜样，其他人就能遵循。坦率催生坦率。

（6）**愿意倾听，又不把自身情况强加于你的人**。一些人总喜欢对别人说“你应该这么做”，而他们的真正意思却是“我是这么做的”。然而，从来没有人问我们为什么应该做同样的事，也从来没人给出答案。大多数情况下，我们将自己的生活当作他人生活的模板。倾听意味着发现他人生活的真实状况。

（7）**使我们思路开阔，更清楚地思考自己的处境、机会和困难的人，能够让金钱去魅、拒绝恐慌的人**。一个人的思维习惯、对人生和世界的看法，在自己心目中总觉得是自然、真实、确定的，这很正常。但是理想的金钱朋友会鼓励你检查和重新审视这样的固定思维，而不仅仅是草率地打消我们毫不理性的恐惧或担忧，金钱朋友除了坦率之外，还深具同理心，这种同理心使得他们的坦率对我们有用。

像所有朋友一样，金钱朋友帮助我们找到更明智、更现实、更令人满意的生活方式。

三　金钱是什么？

我们一直在努力剥除人们赋予金钱的象征意义。那么剥除之后还剩下什么呢？金钱的本来面目到底是什么？

金钱实质上是一种交换工具。它是我们的以货易货这一古老交易体制得以运行的中介。金钱本身是抽象的。几乎任何东西都可以变成金钱，金钱也几乎可以变成任何东西。例如，一个人将自己的时间和才能用于组织一个家用电器的配送网络，他的劳动可以换来许多东西，比如孩子课外的网球培训或者是新的卧室窗帘。

事实上，我们银行账户里的钱曾经是一些其他东西：工作和事业。而金钱也会**变成**一些其他东西：财产和经验。

金钱的另一个标准定义是：金钱是一个“价值商店”。这个定义强调了金钱可以**在任何时候**变成其他许多东西。

因此，我们可以对金钱人生做如下分析：

（1）我们将金钱转化为财产和经验的方式极其重要。你将金钱转化成了什么样的财产和经验？转化的效率如何？

（2）我们将工作和事业转化为金钱的方式也是极其重要的。你将什么样的努力或活动转化成了金钱？你将自己的努力与活动转化成了多少金钱？

因此：

换句话说，你将其转化为金钱的那些活动和努力的性质是什么？被转化为金钱的那些财产和经验的性质又是什么？

常见的一种恐惧是，人们担心自己的努力不值。因此，尽管你能够将那些努力转化为金钱，但这项交易并不快乐，因为那些努力占据了你的大部分生活。“我们所做之事决定了我们自身”，这种说法还是非常有道理的，这也说明了为什么花大量时间来做你认为不值得做的事情是对灵魂的摧残。

人们的另一个共同恐惧是，尽管你原则上有了足够的钱，但实际上你不能将其转化成足够好的财产或经验。金钱本身并没有教你如何做到这一点。

因此，我们生活的根本任务就是：将本身具有价值的努力和活动转化为具有真实、持久价值的财产和经验。那才是理想的货币循环方式。

当我们与金钱的关系脱离了这一循环模式时，两者的关系就变得不健康了。当我们不再将金钱视为潜在的财产和经验，而是将财产和经验视为潜在的金钱的时候，就会出现这种情况。只看到价格而看不见油画本身，或只看到赚钱潜力而看不到教育就是这种情形。当我们只把自己的活动视作赚钱方式，而不是从其固有的价值来评价它们的时候，这种情况也会发生。

每个案例所隐含的错误都是一样的，我们可以用明确清晰的逻辑来表达。在这两个案例中，人们都将手段当成了结果。或者用另一句话说，他们将交换的媒介当成了实实在在的东西。

例如，一栋房子可以被看作一种投资：它代表了一定数额的金钱，暂时保存在砖块和砂浆（或玻璃和钢筋）里。最终这栋房子会被转化回现金。在这一过程中，首先考虑的就是金钱。那栋建筑只不过是一种外形奇怪的金钱。从另一方面说，我们可以首先把房子视为一个家，它记录了住在里面的人们各种各样的生活经验、童年回忆，表达了个人风格，是你结交朋友的地方。当然，房子需要花钱，但它并不完全关乎金钱。金钱只是使这些美好事物成为可能的一种手段。

在这里，我们谈论的是一个心理学问题，一个态度问题。在一个人的心目里，一栋房子是首先被当作一个家，其次才是一种经济手段，还是首先被看作一种经济手段，其次才被看作一个生活的地方呢？我认为哪种态度更好已经一清二楚。

总之，从哪一个视角来开始探索我们对金钱的态度，关系到对于我们追求幸福生活是提供了帮助还是产生了阻碍。

Money and the Good Life

第四章　金钱与美好生活

一　作为要素的金钱

正如我们看到的那样，回归本质后的金钱只是一种交换手段。换句话说，金钱是一种工具。这听起来没什么了不起，但是却极其重要，因为它提出了两大问题：第一，金钱用来干什么？第二，怎样才能快速有效地利用金钱实现那个目标？

最简单的答案就是，我想要更多的钱来拥有一些具体的东西：一辆汽车，一座公寓，一个假期，一个伴侣，地位，爱情。换句话说，就是能使我高兴的东西。

但一个著名的理论认为，金钱在带来快乐回报方面呈递减趋势：

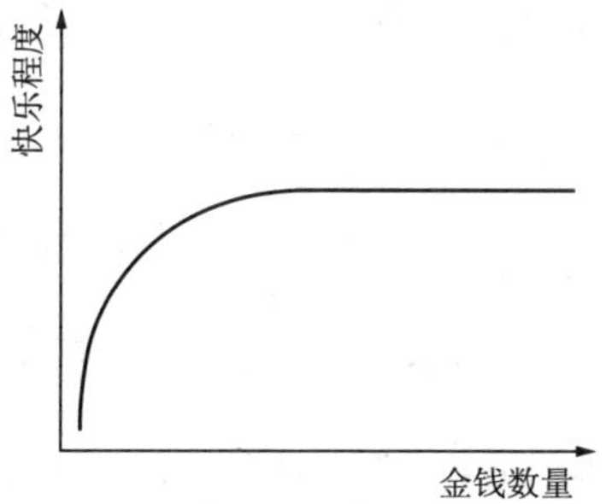

从此图你可以看到，在人们从没有钱到适度有钱的过程中，快乐程度上升得非常快，然后曲线开始平缓起来，达到

一定水平后就停止增长（平均收入一般在金钱曲线的中间）。

事实上，我们并不会对此感到惊讶。当我们讨论幸福的时候，我们在讨论什么？可能是快乐和宁静的混合：你感到兴高采烈，同时也觉得安全。金钱与这些情绪确实有关，但会衰减。

金钱确实可以用来购买使你感到平静的东西：豪华的酒店房间、乡村小别墅等等。但是获得平静的源泉有很多种，比如一个好脾气，稳定的感情关系，体育运动，拥有宗教信仰，听音乐等，这些与金钱并没有必然的关系。

一般人都认为金钱能带来愉快的感受。它可以买到这些装备：香槟酒，重大活动的邀请函，用于探索新奇、体验美丽的飞机票。但是我们也清楚地知道，即使能够拥有这些东西，人们也可能会感到悲伤和沮丧。

如果还需要解释清楚的话，那么我们可以这样说：金钱可以购买具有象征性的物品，但是却买不到能带来平静和快乐的东西。直截了当地说就是：我们必须承认金钱买不到幸福。

1. 我们为什么要讨论美满而不是快乐？

显然，每个人都向往平静和愉快，但是这些却不能真实涵盖人们从生活中所寻求的东西。

大多数人意识到自己需要为其他人服务。他们内心深处怀有恐惧，害怕虚度一生，没有对其他人的生活作出贡献或是对别人产生影响。

做有意义的事情的时候，并不总是让你感觉良好。当你想要放弃的时候，你不得不艰难前行；冒着烦扰别人的风险，接受竞争带来的焦虑；全心投入到那些可能遭到拒绝或是十分困难的事情上面。而美满意味着坚持做你认为重要的事情、锻炼你的能力、积极努力实现你关心的事情并且让它成为你生活的一部分。但是与这些活动如影随形的是焦虑、对失败的恐惧和挫折感，当然也会有满足感、偶尔的胜利以及激动人心的时刻。

美好生活依然是一种生活，它不得不分享所有的痛苦、孤独和失望，必须接受自己的肉体凡胎以及所爱之人的死亡。要活着和好好活着，就难以避免所有的这一切。

人生美满体现了我们真实渴望的东西：充分发挥我们的潜力和才能，做我们认为值得做的事情，实现并表达最好的自己。

这就是为什么美满是一个比快乐更加精确的词语，它表达了我们想从生活中收获的东西。

2. 金钱与美满是什么关系?

更多的金钱并不一定会使我们更加快乐，不会给我们带来内心的愉快和平静，至少不会持续很久或者达到一个很高的水平。因此，如果快乐就是你真正追求的东西，那么追求更多的金钱并不是一个很好的策略。

但是如果我们想要美满的话，金钱确实扮演了一个不同的角色。金钱真正擅长的事情在于让我们采取行动、获得物质财富。金钱是权力和影响力的来源。

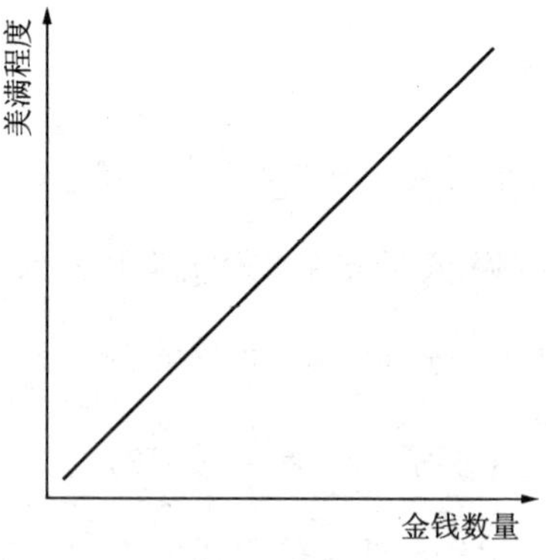

这些都不是通往内心愉悦和平静的直接路径，但是它们

与人生美满密切相关，因为权力和影响力能直接帮助你做到与众不同、追求自己关注的事情、发挥自己的天赋并培养他人的才能。

美满的程度可能会随着金钱的增加而持续增加——这条曲线并不像我们之前看到的金钱 / 快乐关系曲线一样最后变得平坦。

美满是开放式的，金钱的增加总是增加了美满的程度。

但是金钱并不是美满的唯一动因，它只是其中的一个要素、一种资源。

3. 作为要素的金钱

只靠金钱才能完成的事情并不多，但是如果没有钱的话，很多事情就不容易实现。要素逻辑很简单，我们都很熟悉，但是当我们考虑金钱时总是会将它抛到脑后。

只有当金钱和美德结合时，它才能带来美好的结果，帮助我们过上有意义的生活。美德是指具有美好的思想和性格。

人生美满并不意味着自私、贪婪或者反社会，一个人在不惜一切追求自己内心平静或快乐的时候可能常常会表现出来这些特点。个人的真正美满对集体有益，因为良好地运用

计　划	金钱能带来的东西	需要的美德	只有金钱缺少美德时所能得到的东西
幸福的家园	具有选择房产及其位置、家具及家用电器的选择权；便捷	风格，好眼光，家人感情密切，乐观的精神，果断，毅力，高品位	庸俗的室内装饰，虚伪或冷淡的社交环境
美好的假期	自由决策；可以选择去哪里吃喝玩乐	目的感，自知之明，精明，应变力，冒险精神，文化敏感度	肤浅的娱乐，平淡的回忆，浅薄、不真实的文化体验，自我否定和不满
良好的教育	额外的机遇，获得更长时间的学习机会，更多选择，容易获得帮助	学习的意愿和欲望，自我提高的合理预期，理智的进取心和热情，对知识和自信的追求	缺乏灵感的思想，缺少动力和成就，轻视别人的生活，内疚或自我否定（无聊）

个人能力肯定会促进集体的幸福，然而个人的愉悦和平静并不能给其他人的生活带来什么影响。

4. 我需要多少钱?

这是一个很重要的问题，我们不能只是耸耸肩说一句："越多越好。"

只有当我们清楚地将金钱视作一个要素的时候，我们才可以问这个问题："我需要多少钱?"要回答刚才那个问题，意味着我们必须先问：

（1）我的真正目的是什么？（可能是一个幸福的家庭，或是自身心智的良好发展，或是充分参与时事）

（2）除了钱之外，得到这些东西还需要哪些重要元素？

（3）金钱能够作出什么样的贡献？

只有回答完这些问题，我们才能解释清楚金钱问题，因为到那时我们才能够真正知道需要金钱做什么。写下你自己的答案是非常重要的。

稍后我将更详细地探讨这一问题，但是首先我想说说“要素论”如何帮助我们解决这个私人问题：金钱与爱和性之间的关系是什么样的。

二　简·奥斯汀的婚姻理论

1. 金钱与爱和性有关系吗？

运用“要素论”我们可以发现，金钱在与他人形成良好的人际关系时起到了很重要的作用，它也能够使爱情成功。

将物质需求与精神需求以及浪漫的憧憬混在一起的时候，

我们容易感到一丝尴尬。我们似乎迫于某种压力而宣称物质需求和这些心灵的东西无关。想到它们之间可能有某种关系时，我们担心这种想法实在太粗俗。我们是浪漫传统的继承人，告诉自己不要过于忧虑物质方面的问题。这种思考方式让我们注意到一些经典案例：一个很有魅力的穷小子与一位自大肤浅的有钱人进行对照；一对贫穷快乐的夫妇与一对富有但痛苦的夫妇形成鲜明的对比。然而，英国著名的一位“浪漫”小说家，对于金钱与爱情应该具有的联系提出了一种更为实用的观点。

2. 简·奥斯汀的答案

从长远来看，对于大多数人来说，爱情（也包括性爱，尽管过于优雅的奥斯汀没有直接谈论这一方面）是建立在良好的经济基础之上的。当然，这并不是自然法则，也有例外。

我们面临的最大诱惑就是反过来解读这句话。简·奥斯汀并不是说单靠金钱就可以得到爱情以及美妙的性生活。她支持金钱的“要素论”观点：与其他美好的事物结合起来的时候，金钱可能会非常重要；但是如果只靠金钱，你会一事无成。在她的所有作品中，最有钱的一个人是曼斯菲尔德庄园软弱的庄主——拉什沃思先生，他的婚姻是彻头彻尾的失败。

简·奥斯汀相信，牢固、稳定、令人满意的感情要求多种良好的基础，其中只有一个涉及经济。对于人们所需要的金钱数量，她写得非常具体。例如，在《理智与情感》中，她让埃莉诺·达什伍德和爱德华·费华士结婚。他们加起来的年收入大约有850英镑，这是所有的已婚女主角中收入最低的一位。但是按照当时一般的标准来看，这个收入还算颇高的。故事中很重要的内容在于描写在他们如何拥有足够的物质所需以及如何妥善定义“足够”一词。另外，我们还得知这两个人具有良好的品德和性格，那样的收入水平能够“满足他们所有的需求”。

小说中的反派人物威洛比有足够的钱使自己过上舒适的生活，但是他太奢侈浪费。当他真的爱上玛丽安的时候，因为他已挥霍光了自己的财产，结婚已经成为不可能的事情。为了偿还自己的债务，威洛比不得不和金钱结婚。但是，从经济角度来看，玛丽安并不是一个合适的结婚对象。简·奥斯汀在小说中给威洛比安排了一个泼妇般的女继承人，对他进行了完美的惩罚。

在《傲慢与偏见》中，班纳特家的邻居夏洛特·卢卡斯嫁给了富有的科林斯先生，但是由于科林斯先生品德欠佳，他们之间不可能维系良好的关系。

简·奥斯汀试图教我们一个道理：金钱是必要条件，但并非充分条件。同时她也告诫我们：到底需要多少钱这一问题非常关键。当你说金钱很重要的时候，这意味着你的意思就是“越多越好”，但这完全不是她的观点。

金钱的“要素观”让我们不得不关注比例问题。如果你态度正确，少量金钱也可以满足你的诸多需求；但是如果你的态度错误，即使再多的钱也帮不了你。

仅仅为了钱而结婚和认真考虑感情的经济基础完全是两码事。但是，这难道不是违背了“当涉及感情时我们应该追随心的方向”这一基本观点吗？在感情当中谈论钱，听起来似乎有唯利是图之嫌。

当然，听起来确实是有这么一点点。但是当你看待感情关系时，你应该得出这样的结论。能够长久、稳固、坚守的感情关系是复杂的人类成就，在有些方面与友谊和商业合作关系具有共通之处。

因此，如果你的结婚对象说："如果不是为了我的钱，你就不会愿意和我结婚。"这时双方都需要明白的一点是：婚姻是一项非常复杂的工程，这一点非常重要。理性的回答是："不考虑经济问题，我都希望可以和你结婚，但是我可能会觉得这一决定是不明智的。从长远角度来看，并不是我的所有想法都是好主意。"

从另一个方面来看，明智的决定不一定都合乎我们情感上的需求。对我来说，和一个具备良好的理财能力并拥有固定资产的人结婚可能是一个很好的决定，即使我们的感情关系在其他方面并非那么完美。

感情关系的目标是两个人能够一起成长，共同达成美满，由于金钱是人生美满一个非常重要的因素，因此它也是婚姻的关键部分。

3. 性又如何?

一个非常富有但粗鄙的男人仅仅因为有钱就能娶到一位优雅贤淑的女性，这是一个反面教材，但是金钱与美妙的性爱还有更加和谐的关系。

（1）钱对一些人来说就是春药。这并不神秘。在人们的想象中，金钱代表着地位和未来的成功。人们把这些事情与“性趣”联系起来也是理所当然。

（2）金钱可以买到奢侈、隐私以及肉体上的刺激。在现代情侣关系里，由于缺少时间和机会，性行为变得不尽如人意。如果我们可以去优雅的酒店、把孩子留给保姆照管、穿着舒适的衣服、换一个让我们容光焕发的发型……可能会产生绝妙的效果。

（3）金钱可以降低感情关系的脆弱性。如果双方共同投资了良好的资产，虽然不是完全不可能把两人分开，但至少增加了难度。良好的情侣关系也会有很多痛苦的时刻，当有人想要离开的时候，金钱可以给他们一个留下的理由，让他们共同克服暂时的麻烦。

（4）据推测，拥有较多的金钱可能会使人们对于人性感到更加放松。因此偶然的不忠或偷情就不会特别令人特别震惊或成为极其严重的问题。（坦白地说，我也不知道实情到底是不是这样。）

这些思考有助于解释金钱在婚姻中的重要性。不和谐的性生活是导致感情失败的一个重要因素，因此只要是有助于改善性生活就能有助于婚姻。婚姻的伙伴关系允许两人在创造财富方面扮演不平等的角色：理想情况下，非常善于创造财富的一方应该与非常善于促成美满状态的一方结合——他们的技能和品德能够让他们为自己和周围的人利用机会创造出最大的价值。

这是一个合理的安排，因为它不仅容许一定程度的专业分工，还可以利益共享。因此，两个人都可以享受创造财富和美满人生带来的好处。这提示我们：在寻求理想的另一半时，我们不应该害怕将金钱以及对金钱的态度等条件纳入到考虑范围内。

我自己的教训告诉我，金钱焦虑可能导致情侣间的严重冲突。我害怕由于赚不到更多的钱而损害了海伦的生活。还有风格上的冲突：我喜欢花钱大手大脚，她却相对比较低调。比如，我喜欢去昂贵的餐厅，她却更喜欢拐角处普通的家庭式餐馆，或者在家煲鸡汤（由于我俩的收入水平完全与个人品位相反，这就更难办了。从财务的角度来说，她更有资格出入那种比较高档的地方，而我却应该相反。我承认有的时候我非常讨厌这一点)。有的时候我们都想大叫："为什么你不能像我一样呢?"但是我不得不承认，如果我们和一个与自己相似的人在一起，这可能是致命的。如果我与一个"女版"的自己在一起的话，那么我们将陷入可怕的信用卡债务危机中。拯救的代价是冲突，但是这种痛苦与另一种选择相比还是小巫见大巫。

三　从嫉妒中学到的东西

汉普斯蒂德的威尔街是伦敦北部郊区一条最吸引人的街道，我尤其喜欢最靠近汉普特斯西斯公园的那一头。在这里你既可以享受森林和草地，同时还可以感受到自己是大城市的一部分。这是一条非常狭窄的街道，风格各异的房子一幢挨着一幢。我喜欢住在那里。我梦想住在公寓的一楼，大大的房子，高高的天花板，书房里摆着一排排精致的书架，孩子们的卧室在走廊那头的拐角处，厨房里有一个好厨师，花园周围有着高高的篱笆，绿油油的草坪整齐丰美。在夏夜与

/ 我嫉妒住在这里的人们。

聪明的朋友们一边喝着白葡萄酒一边高谈阔论，到了冬天就坐在火炉前温暖的大沙发上。

这是在个人的金钱经历里具有代表性的时刻。你看到了你真心想要的东西，它与你的灵魂对话，涉及你自己的幸福以及你心爱之人的美满人生。你意识到自己根本不可能得到这个东西，因此让人徒增许多烦恼。

从某种程度上看，这是一个很美好也合情合理的梦想。我们暂时不考虑房产的价格问题，我觉得我描绘的是幸福家庭的写照。这既不贪婪，也不是要炫耀什么。我相信妻子和孩子们肯定喜欢搬到那里居住，那种环境真的很适合我们。

但是这个梦想大大超出了目前我的财政能力。我猜这大约需要把我现在的收入提高四倍才有可能。这种梦想不是不可能达到，但我必须先把自己重新打造成一个赚钱高人，才有可能负担得起。我必须换一份工作，改变对工作的态度。重新培训，重新打造，这有风险，并且得花上很长一段时间。

如何面对嫉妒的体验

1. 认真对待

这种情形经常会发生。比如当我翻阅杂志的时候，偶然看到一篇介绍一个女人的文章，她：a. 是一位成功的律师；b. 有两个小孩；c. 对政治的看法理智、重要；d. 在勃艮第有一幢度假屋；e. 对职业装有着绝佳的品位。

当我在机场看着往来的人群时，我嫉妒：a. 一个男人投入地读着一本似乎很有趣的书；b. 他自得其乐、安详宁静；c. 他有漂亮的行李箱；d. 他的服饰简单而优雅；e. 一个非常性感的女人走了过来——竟然是他的妻子；f. 他们一起走进商务舱。

我们不应该把这种经历仅仅当作一种幻想，或者无休止地重复它，我们应该仔细斟酌，然后从中学习。首先，不排斥意味着要接受一点痛苦。我曾幻想过一些真正美好的东西，但是我却不能得到它。我并不会仅仅因为得不到而告诉自己说那个东西不好。当真正美好的东西被当作“奢侈”或“势利”的东西被否决的时候，这种抗拒的情绪就会油然而生。

在这里，哀悼是一个很有帮助的概念。当某位亲友去世的时候，我们知道自己必须认真对待自己的悲痛。我们不会假装那个人没有死或者他的死无关紧要。在一件不是那么强烈但同样重要的事情上，我们应该哀悼那些我们热爱但却失去的东西。威尔街确实值得喜爱，这样的地方如此稀少，我们多么希望在那样的地方生活却又无力为之，我们理应为此感到悲伤。

2. 重视体验与幻想的差别

如果我突然得到了10亿英镑，我会……我要在佩思郡买一大块土地，然后建造我梦想中的完美家园：一座类似布莱尼姆宫、更适合家居生活的小房子，大院子里还有一座可爱的花园。我不会把孩子们送到学校去读书，而是让他们在家里接受教育。当他们在客厅里打闹或是在大书房里骑自行车的时候，我会假装很生气，但实际上我为他们能在挂有法国画家莫奈和普桑（Poussin）的风景画的房子里自由玩耍感到非常得意，并且在他们抓坏家具的时候颔首微笑。再买就行了！我还要在威尼斯拥有一座用斑岩打造的游泳池、一架喷气式飞机、一座豪华的宫殿，再在纽约筑一个爱巢……

这种想法与在威尔街拥有一处公寓的梦想之间有什么区别？宫殿是纯粹的幻想。实际上我不敢想象如果突然有这么一大笔财富的话我会怎么办；或许我会变成一个贪婪放纵的魔鬼。幻想是逃避主义者的自娱自乐，其作用是允许自己暂时逃避现实。

但是威尔街的体验却不是逃避，尽管当我不想努力的时候我也会这样认为。这种梦想能传达一些有用的信息，帮我分辨美好生活可能需要的真正要素，尽管有些难度。如果我们把威尔街的梦想和亿万富翁的白日梦一概而论的话，就会错过威尔街的真正寓意。

3. 发挥创造力

在威尔街的例子中，我们有一个已然清晰的脚本。如何使用脚本提供的要素来创造美好生活已经显而易见。脚本的清晰性与可靠性才是富有吸引力的，这也说明了为什么这个梦想如此诱人——因为你能够清楚地看到在那儿你能够享有快乐的生活，或者为什么做到像机场那对夫妇或是当律师的妈妈那样就会非常美好。

尝试完全复制他们的生活并不是解决问题的好办法，也不是从我们羡慕的生活中获得的最佳灵感。拿喜欢托尔斯泰的小说《战争与和平》的一位小说家来说吧。这部伟大的作品描写了 1812 年拿破仑对俄国的入侵对几个贵族家庭产生的影响，因此这位现代小说家可能会想："我也应该写这么一部小说。"然后他开始广泛阅读，以便了解 19 世纪早期的莫斯科。但这肯定不是正确的方法。透过表面，《战争与和平》之所以鼓舞人心是因为托尔斯泰能够进入人物角色的内心世界，具有深厚的同情心。而这些美好的特质可以和事件的具体历史环境分开。我们要避免模仿表面的特征，而是尝试着再现蕴藏的实质。

最初吸引我们注意力的事物就像是托尔斯泰笔下的历史背景一样。行李箱、商务舱机票、汉普斯蒂德的街道、勃艮第的度假山庄以及成功的律师事业——这些都只是表面的东西，而不是我们应该努力去模仿的东西。

重要的是在这些表象背后的东西：内心的宁静、舒适、对成功和能力的看法、良好的条理以及温暖的家庭生活。我们的那位现代小说家最终可能会写一本关于 20 世纪 70 年代格拉斯哥一群老师的故事。这本书与俄国或者拿破仑毫无关系，但可能因其刻画人物和经验的方法而成为“托尔斯泰式的”。

当事情获得别人的认可，看起来就会显得具备更高的价值。因此，我们不能让缺钱成为拦路虎，而是就你已经拥有的东西进行更有创造性的思考。不用回避嫉妒的感受。我们都会有这样的幻想——“如果我能够住在那儿或者在我的生活中能够拥有那些东西该是多么美好啊！”但是当我们分析自己真正愿望的时候，我们发现我们渴望的并不是更多的财富，而是想摆脱我们当下生活中那些乏味的东西，渴望一种“重新开始”的感觉，希望变成一个稍微不太一样、更好一点的人。

Creating Order

第五章　确定顺序

一　需求与欲望

明白我们真正需要什么，这一点非常重要。在这里，清醒的头脑会提供解决方法：把精力更好地聚焦在适当的对象上。

一般来说，把需求与欲望区分开来是为了降低我们的期望，让自己的目标变得更切实际（更加理性、更有实现的可能性）。你真的需要海景房或者跑车，或者在高档饭店吃饭吗？不——这些仅仅是欲望。这些东西的确美好，但并非必需。因此，如果我们想要拥有理性的金钱观，我们必须抵制追随欲望的冲动，而是集中精力获取我们必需的东西。

需求是更深层次的，与个人生活中的重要事情息息相关。“我需要这个吗？”这句话真正在探究的是：这个东西对于让自己变得更好有多重要的帮助？它在我的生活中到底扮演什么角色？这样的问题可以帮助我们将需求与纯粹的欲望区别开来，而且这种区别很有必要。

但是我们要注意，这与“朴素与豪华”的区别是不一样的。我们的需求并非总是追求更小、更少、更便宜的东西。

一位技艺精湛的小提琴家可能需要一把价格高昂的小提琴。我们可以称之为“需求”，而不仅仅是一种欲望。在这儿，我应该强调一下“必需之物”并不意味着你需要依靠这件东西才能生存下去。这位小提琴家需要这把小提琴是因为它在他的人生中扮演着核心角色。音乐家把他们人生的大部分时间用于学习技巧，培养灵敏度，只有这样一把昂贵而优雅的小提琴才能表达得出来。因此，这样东西将会在此人的生命中举足轻重，深入其心。如果这人说“噢，它太贵了！我并不真的需要它”的话，那么他就没有正确认识自己。

因此，你并不总能买得起你必需的东西，但是这会为你赚更多钱提供合适的深层动力。理想情况下，最合适的收入应该能够满足我们的真正需求。

当我们这样来理解需求的时候，就能揭示出当人们追求那些他们并不真正需要的奢侈品时到底出了什么问题。购买奢侈品既不会帮助他们获得美满人生，也不会帮助他们成功。这并不一定意味着奢侈品一文不值，而是当事人缺乏妥善使用它们的技能或敏感度。

贪婪是现代道德词汇中的一个重要术语。贪婪并不是指

/ 尽管没有这个桌子我也可以活得下去，但是我需要它。

想要获得比别人更多东西的欲望，虽然我们通常都这样看待贪婪的概念。如果你想买一座漂亮的房子是因为爱其美丽，尽管这可能意味着你想要的东西比大多数人能够承担得起的物品要昂贵得多，但这种渴求并不一定是贪婪。

1. 如何区分需求与欲望？

区分的方法就是问自己需求和欲望的背后分别是什么。最终你的问题是：我追求这个东西到底有多明智、到底具有多高的重要性？一个人的瞬间愿望不过是一时之念，有时候还会误导我们，让我们找到错误的答案。我想要的这个东西在我的人生中具有什么用处？它在我的生命中扮演多重要的角色？过上美好生活、成为更好的自己，对于这样的人生目标，它是不是必不可少的关键因素？

问问你自己："我的生活中拥有了它对于我来说到底有多好？"换句话说，需求 / 欲望的区别实际上直指我们内心关于自我认同、道德和人生意义的问题核心。只有当你严肃思考这些问题后，你才能以正确的态度讨论金钱问题。

比如，我在一家古董商店橱窗里看到一张 18 世纪制造的小边桌。在我们的客厅里，壁炉对面摆着沙发，沙发两边各摆着一个茶几，上面各放一盏台灯。我很喜欢这种布置。有客人来我家吃晚餐的时候，我们可以先在那儿喝点东西。这是一个优雅并稍带些正式的房间，深得我心。我觉得它表达了我性格中的一个重要部分，告诉人们我对生活的某些深层看法，展示了我如何看待社交生活，如何与人交流。但问题是，我们拥有的这两个茶几放在一起并不十分协调。其中一个比另一个好得多。那个放在商店橱窗里出售的小边桌可能与房间的整体布局和风格更为一致。因此，全面考虑之后我觉得我们需要那张桌子。显而易见，尽管没有它我们照样能活得下去，但是我觉得我们应该拥有它的想法无可厚非。在我的生活中，这张小桌子能够发挥具体的功能，而我想要的不只是一种随随便便的占有欲。这张桌子有助于帮助营造一种环境，能够体现我所看重并且坚守的价值观。我欣赏这个桌子的特殊品质和优点。

然而，我发现我买不起这张桌子，但我并不想放弃拥有它的念头。我并不想强迫自己认为：由于我买不起，所以是否拥有它并不重要。

“需求 / 欲望”与“基本 / 优雅”或“便宜货 / 奢侈品”并

不一一对应，明白这一点很重要。而且这点有着非常充分的理由。“需求/欲望”是一种心理上的区别，与个人美满和追求卓越自我息息相关。“基本/优雅”的区别是对一个物品复杂程度的区分，“便宜货/奢侈品”则是对价格和需求的区分。

我所倡导的核心策略是反直觉的（但是很重要）：首先必须弄清楚我们的需求，不要考虑价格。你可能没有能力买你所需要的一些物品，这是完全有可能的。如果你需要一些东西，也完全能承受其价格，但是要买下来的话也可能并不是个好主意。实际上，它占用了我们实施更重要计划的资源。因此，我们需要在内心为事物排定一个轻重缓急的等级，实际上，这相当于对你想象的一生中应该达到的美满与成就撰写的一篇文章或报告。

2. 高等需求、中等需求和低等需求

需求总是和生存问题联系在一起，这真是现代文化的一大不幸，让人诧异。一般来说，你需要什么完全是你自己的权利，但是获得你想要的东西却是另外一回事。

需求可以分为以下三个基本类型：

高等需求 高贵的 / 本质的	中等需求 社会的 / 相对的	低等需求 基本的
为了达到个人的美满、实现最佳的自我所需要的物品	用来获得所在社会尊重的东西——与所处的社会相关	一个人赖以生存的东西——健康的食物、安全的住所、工作

高等需求包括：深厚的友谊，人生的使命，个人风格，情感的成熟。

中等需求包括：一份待遇不错的工作，时髦的衣服，出国旅行，认识地位高的人。

由于高等需求更加复杂、微妙，要描述和确认起来可能有些困难，但它仍然是一种需求。也就是说，它对于你的美满人生仍然是至关重要的。但我们却经常将这些需求降至更加明显的需求之下。

3. 区分中等需求与高等需求

作为身处社会之中的一分子，中等需求具有社交性的特点，可让人获得社会中的地位，并与他人相互联系，让人融入社会当中。这种需求通常与金钱紧密相关。从某种意义上说，这些都是最让人梦寐以求的东西。正是在这个层面上，金钱看似与幸福息息相关，因为金钱是得到这些中等需求的直接手段。但讽刺的是，中等需求具有永不满足的特点，即：你得到的越多，到头来你发现自己拥有的越少。

在《追忆似水年华》里，普鲁斯特给了一个典型的例子：你遇到一个无聊且令人讨厌的人，你非常想去体面的派对，希望在那里遇到趣味相投的人。最终，你去参加了那个派对，但是那里趣味相投的人并没有邀请你去参加他们的派对。最终，你获得邀请，但是却发现主人另外还开设更令人垂涎的午宴。最终，你也获得了邀请，结果碰到的却是你在第一场派对上遇到的那个令人讨厌的无聊人。

在个人和社会的经济生活中，最关键的步骤就是能够实现从追求中等需求到追求高等需求的跨越。有时候，为了集中精力追求高级需求，我们需要减少对中等需求的依恋，比如地位和魅力等。这并不会花费更多的金钱，它只需要更高的心智独立性。

通常高等需求是通过间接方法获得的。我们真正所需要的是时间、精神空间、理解，与他人的思想和生活进行沟通。

4. 高等需求的间接成本

让我们继续简·奥斯汀的主题。阅读《曼斯菲尔德庄园》

或者《战争与和平》，你需要的不只是一本书（这个基本不费吹灰之力），还需要花时间来慢慢品读，深入思考；需要内心独立，能够提前一小时上床，或者躺在浴缸里，或者坐在咖啡厅或公园里，避免嘈杂不安的环境。我们还需要足够的智慧来仔细思考小说的内容。如果你不能让自己投入更多心力与这些作品互动的话，这些作品就不会满足你的高等需求。

高等需求并不是空想或炫耀，而是需要获得别人的理解，创造有价值的事物，达到与他人内心的交流，修炼情感——这些都是日常生活中的重要内容。当我们在日常生活中努力应对那些更加显而易见的需求时，在我们还没有意识到的情况下，高等需求便悄然隐去。

5. 高等需求与地位

尽管在雅致的街道里有一所优雅的房子经常与中等的社交需求混为一谈，但它其实满足的是一种高等需求。“奢侈”、“势利”等字眼足以证明这种混淆。这些指的是社会虚荣心，这是中等需求造成的问题。一些人想感受社会优越感，于是他们买一座大房子；他们想觉得自己是高端人士中的一员，于是去昂贵的饭店用餐或者去听歌剧；他们想被别人认为有修养，于是收藏艺术品。从本质上来说，人们指摘他们“奢侈”、“势利”，其实批评的是他们把这些事情纯粹当作获得地位的手段。如果他们的确如此，那么对其批评也是恰如其分。但是，通常这种说法是一种很贸然的批评方式，我们并没有意识到去听歌剧、吃大餐、买大房子或者收藏艺术品的背后是高等需求的驱动。这种批评的基本想法就是：高等需求的“实质”总是为了地位。其实这是错误的；但是最棘手的一点是，的确有不少人纯粹是为了追求地位而大肆消费原本为高等需求服务的那些物品。不过，要解决这个问题，不是去强烈反对这些物品本身，而是要更敏锐地弄清别人热爱这些物品背后的动机，并且更熟练地区分有价值的动机和无价值的动机。区分的关键在于清晰地认识到中等需求和高等需求的不同关注点。

追求地位可能是人性中不可避免的冲动。如果的确如此，那么我们应该积极改善这种情形，而不是竭尽全力去消除它。改善的方法就是把地位与正确的事物联系到一起。羡慕或嫉妒别人并不是什么过错，但是我们必须问自己：我们为什么羡慕他们，我们嫉妒的到底是什么。如果有些人地位显赫是因为他们聪明、慷慨、善于发现美好的事物，并且能够发掘别人身上的最大优点，那么他们拥有这样的地位是完全理所应当的。如果我们羡慕他们身上的这些优点，并且能够见贤思齐，那么这种嫉妒就会在我们的生活中发挥正向作用。但是如果我们嫉妒他们拥有的信用卡类别、就读的学校或者车辆的档次，那么地位就与个人的品德无关。一般而言，我们总觉得嫉妒会腐蚀一个人的心灵，应该敬而远之。但是如果嫉妒能够指引我们选择正确的方向，那它也是难能可贵的。

地位是一种群体现象，它之所以存在，是因为在一个群体里人们的确容易对他人产生尊重羡慕之情或者轻蔑鄙视之意。有些人会被公认为是精英，而另一些人则被公认为有缺陷。但是地位的分配方式具有许多变量。如果一个群体粗鄙尖刻，那么地位的获取方式也是恐怖的，最残暴无情、愚蠢自私的那种人将会获得最高地位。如果一个群体高雅庄重，那么地位则会反映出一个人的内心品德。

这意味着我们需要倾尽全力去寻找合适的同伴。作为个体，我们无法控制整个社会地位分配的过程，但是在我们自己选择的圈子里，我们希望找到并且创造良好的地位分配方式。

地位焦虑会导致金钱焦虑。地位本身没有好坏之分，它完全取决于我们把什么视作地位的标志。它们可能是完全浮于表面的东西（汽车品牌、头发颜色等），也可能是明智、深刻的东西（洞察力、善良等）。对自己和他人，我们有责任努力改进地位分配的基础，弃绝表面之物，转向更深层次的东西。如果这样做，我们就会发现自己不再那么焦虑金钱的问题，而是集中精力思考我们应该关注的事情，即“美好生活的真正要素”。

二　我到底需要多少钱？

描述一下你到底需要多少钱才能过上富足且对他人负起责任的生活。在做这一练习的时候要详尽，这一点很重要。现在还不是讨论开销的时候。

我们需要从实际出发，这意味着我们会先排除掉许多可能性，以致根本没机会思考自己能以哪种方式来实现这些可能性。换言之，我们在考虑支付能力时通常会抱着务实的态度，但首先我们需要实事求是地考虑我们到底需要什么。

事实上，这里还有一个提炼的过程，你会辨别哪些是你幻想的部分，哪些是现实可行的。这个过程需要时间，但它可以帮助你正确认识自己、认识社会。所以，对于大多数人来说，类似于“我需要一架私人飞机”的需求是没有意义的。因为尽管有架私人飞机会有极大的乐趣，但是很多人并不真的需要频繁地以最快速度旅行来拥有美满的人生。

现在请你计算一下为了达到人生美满，你所需要的东西的费用。

下面是我的家庭生活所需的开支明细，我们试图算出我和妻子每年到底需要多少钱。

需　要	项　　目	最低金额（澳元）	真实需求（澳元）	理想金额（澳元）*
舒适的住所	漂亮的房子（我们喜欢的老式风格，足够大）；方便上班和孩子上学	27000（年度所有权费用）	55000	125000
	每年维护与修缮	1000	5000	10000
	花园维护与修缮	我们自己完成	2500	10000
	内部摆设（壁画、古玩、大型家用电器等等）	我们拥有的东西都还不错	12500	50000
	日常开销（保险、信息、电话、水电）	6500	6500	10000
	纳税	650	1250	1850
旅行（不是出差）	家庭欧洲旅行（经济舱，住在舒适的地方）	不去	24000	85000

（续表）

需　要	项　　目	最低金额（澳元）	真实需求（澳元）	理想金额（澳元）*
运动与保健	网球俱乐部会员及其他费用，瑜伽，普拉提，航海课程	2000	5000	5000
子女教育		5000	24000	24000
为子女的未来教育积蓄		2000	20000	85000
子女的玩具		500	2000	2000
衣　服		1000	3500	12500
饮　食		7000	10000	25000
在外就餐	临时保姆	在家就餐	2500	5000
退休金计划		以后再考虑	22000	100000
总　计	所需税后收入	52650	195750	550350

* 在本书付印之际，1 英镑约合 1.5 澳元。

这项练习的目标不是努力削减开销，而是尽可能精确地列出个人拥有美满人生所需的东西，并且完全接受自己可能无法负担起切实需要的东西的事实。这很痛苦。看到这些数据的时候我感到有些绝望。与“真实需求”相比，我们更接近“最低金额”那一栏，而“理想金额”更是可望而不可即。但这项练习的目的不是让我们自取其辱，而是让我们清醒地看待现实。清楚这一点后，我们才可以继续考虑如何采取行动，来进一步满足我们的真正需求。

我想举几个我认识的人的例子，看他们如何调整自己的生活方式来满足需求。并不是说他们现在花销更少，而是他们把钱花在了对他们来说最重要的地方。

1. 德里克和杰斯敏

德里克和杰斯敏一直对建筑很痴迷，他们并不是仅仅喜欢观赏建筑或者喜欢读有关室内设计的杂志，而是希望住在有趣的建筑里。但是在伦敦，靠他们的收入完全不可能实现这一梦想。因此，大约三年前他们做出了一个重大决定：搬到法国乡村居住。他们手头资源有限，但仍努力找到一个能够实现自己“豪宅梦”的地方。

从某些方面来说，搬家是件很困难的事。搬家意味着离开一些亲密的朋友，而且德里克也不得不换工作。他们拿对自身的认识赌明天。他们认为，住在一所非常古老、带果园的大房子里对他们来说非常重要。在伦敦附近，这需要花费数百万英镑，但是在诺曼底价格就低得多。不过他们必须相信：这种环境对他们来说是非常重要的，必须实现，即使这意味着他们要放弃其他东西。

2. 詹宁斯一家

詹宁斯一家决定放弃庆祝圣诞节和生日，这样一来他们可以用省下的钱去尽情度假。对于孩子们来说，这真的十分困难。他们在与同龄伙伴相处时不得不面临一些尴尬时刻——他们从来没有买过新自行车，没有朋友们拥有的那些令人称羡的小玩意儿和昂贵玩具。在这种情况下，其赌注是他们相信：与得到一堆礼物相比，与家人一起漫步苏格兰或者游览土耳其的古迹更能让大家共同获得美满生活。

在这两个例子中，他们都想实现需要大笔开销的目标。德里克和杰斯敏以及詹宁斯一家都在严肃地问自己：“对我们来说，什么东西是我们真正需要做或需要拥有的？”我们应该从他们的例子中得到启发——

首先要问你自己：从长远来看，哪些是我应该集中精力去做的事情？我应该拥有哪些体验和财产？假期比礼物更重要吗？我居住的房屋样式比它所在的位置更重要吗？在我们想要的各种事物中，哪些东西对我们的人生美满最为重要？（这些应该被划分为“需求”。）

其次，我们要问：在我们的愿望中，哪些东西其实对我们长期幸福生活而言是略微不重要的？做这些决定可能会很痛苦，需要我们降低一些愿望，放弃一些东西。但是，为了把钱花在最重要的地方，这是必然的代价。

三　价格与价值

成本计算的过程有一个问题，那就是很多事物没有固定的价格。假设对你来说住在家具配备齐全的房间里非常重要，那么这要花多少钱？你寻找并购置你喜爱东西的能力从某种程度上决定了你的开销。同样一个五斗柜，在这家商店的价格可能是另一家的四倍。

价格是一种公共事务，是供求关系妥协的结果。一样东西的价格由竞争决定。所以，一辆小汽车的价格是由人们的购买欲望、支付意愿以及制造商的销售准备情况决定的。这是一项公众活动：很多人参与其中，但你的声音几乎从来不会影响价格的制定。

从另一方面来说，价值是一种私人的、道德的、审美上的判断——最终由个人根据自己的认知、智慧和性格决定。

/ 不要铺地毯，但要漂亮的衬衫；不要杂乱无章；仔细地粉刷墙壁。
《艺术家的兄弟们》，威廉・费迪南德・本茨，约 1830 年。

一定数额的金钱能够产生多少价值？什么是“价值收益”？我们知道这千差万别。一些人有能力将相对来说很少的钱变成奇妙的体验。他们拥有美妙的假期，能够优雅地招待朋友，拥有引人入胜的绘画，他们的家具好得你甚至想占为己有。他们实现这些的预算比你想象的要少得多（你或其他人要做到这些的话花的钱更多）。这些人非常有办法，而且他们这么做并不一定是想要省钱。

这些才华出众的人所拥有的秘密如下：

（1）他们知道在创造体验的时候，什么东西重要，什么东西不重要。比如说，大多数人并不在乎晚餐派对上喝的什么酒，只要能喝就行。

（2）他们不追逐时尚，这样做会导致价格膨胀。他们判断一件物品、一种观点或一个人，是根据其本身的优点，而不是考虑其所反映的地位——也就是别人的想法。

（3）他们拥有良好的品位。他们能判断自己真正喜欢什么事物，也了解喜欢的原因，所以能够在不太显眼的地方找到这些事物。

（4）他们富有创造性。他们看重潜力，并不担心为了实现潜力要承担的责任。他们拥有做到这一点的动力和天赋。

我们在经济学课堂上没有直接学到的这些品质，对我们的经济生活来说却至关重要。

再说一遍：金钱只是一种交换工具。金钱需要被交换或者转换为价值。但是那种交换常常是一门艺术，偶尔才是一门科学。要精通这项艺术，需要发挥你的智慧和悟性，才能得到对你而言重要的东西。比如说，一场晚餐派对要花多少钱？一个漂亮的房间、一幅杰作、一件漂亮的衣服要花多少钱呢？这些没有固定的成本，因为它们取决于我们的创造力、智慧以及思想的独立性。

然而，你也许会说："这些都很好，但我就是没有那种创造力。"我认为这里的要义不是说你要有室内设计师或者艺术批评家的眼光，而在于采取一种实事求是的做法。选一些你喜欢的、能与你产生共鸣的图像，然后问自己：这些图像对我传达了什么意义？比如说，我一直想要一套相称的老式茶杯和茶托，但我买不起。后来我看到一张图片，画面是一间十分凌乱的房子，房子里有一张大桌子，上面有很多不相称的老式茶杯。我并不喜欢这凌乱的场景，但这让我意识到相称并不是那么重要——并且茶杯和茶托单独买会便宜得多。现在，大概十年之后，我收集了相当多不成套的茶杯和茶托，每天使用的时候都有实实在在的欣喜。当然了，这是一个很小的例子，但它说明了整个过程。只要我们去留意，这类暗示无处不在。

我再来举一个比较大的例子。我们家拐角处的一幢房子最近要出售，它和我们的房子很不一样。我们住在一幢久经风霜、多次修缮的旧建筑里，不是市场推销的那种时髦样板房，它没有“充足的光线”，没有“宽敞的家庭厨房”，不是“呼朋唤友者的梦想”（尽管我们确实办过一些美妙的晚宴派对）。邻居们时不时会向我们投来同情的眼光。

拐角处的那幢房子并不漂亮，跟我们家的房子差不多大，花园甚至更小一些。但是（继续用房产商的语言来说）它符合市场定位，其价格是我们房子价值的一倍半，其中的差额相当于我好几年的收入。从某种程度上说，这真的是运气。我们喜欢的东西（比如那奇趣的凹角、出人意料的台阶、宏伟建筑的小格调等等）在我们居住的地方正好不算是市场上的热门特色，所以不需要花高价才能买到。尽管我们发现自己房子的市场价要低于拐角处的那幢，但这并不会降低它对我们的价值。

四　渴望与恐惧

我父亲习惯把他所有的财务记录放在一个有可折叠顶盖的桌子里。我常常看到他轻轻翻开桌盖，塞进去一堆撕开口的信封和揉成一团的纸张。在下面的抽屉里放有一堆账单、文件、表格、字迹潦草的信件和清单、盖有邮戳的签条以及从记事本上撕下来的纸页。当父亲往这乱七八糟的抽屉里又扔进去一沓纸时，我能看出他的羞愧和内疚。

我觉得一个人能把自己的财务记录整理得井井有条并不是件难事。那时候的我才 14 岁，年收入 26 英镑，不用缴税，不用缴账单，没有什么令我羞愧或害怕的牵扯到钱的事，我把自己偶尔的开支记录得非常清楚。

下面是我从1980年10月起最开始的几条记录：

从9月起		共有	20.75 英镑
3日	爷爷给了我50便士	现有	21.25 英镑
6日	买了《像大师一样思考》，2.99 英镑	剩余	18.26 英镑
10日	爷爷给了我50便士	现有	18.76 英镑

当时的我心满意足地看着这些记录，字迹很漂亮。但现在的我非常清楚自己的财务抽屉就像噩梦一般：每次打开它的时候，我的心里都充满了忧郁和痛苦，我永远都找不到我需要的信息和文件。

越是要得紧急，找得就越慌乱，这些文件就变得更加乱七八糟，这样的恶性循环越来越糟糕。我的生活毁了，我的心里充满了愤怒和绝望。我想把那一把一把的纸张扔出窗外，向即将来临的灾难投降，也许是离婚、贫困或者牢狱之灾。

但是，这是为什么呢？为什么对我来说保持一个简单明了、易于管理的记录系统就这么难呢？为什么我就不能让自己清楚了解目前的财务状况、未来的方向、花了多少钱、存了多少（或者负债多少）？我觉得厘清财务状况、坚持记录、归档文件、填写表格这样的事很乏味吗？还是只因我太懒惰？原则上来说，我很喜欢容易处理、琐碎且重复性的工作。我一玩数独就停不下来，我痴迷于整理拼图（我喜欢按照边缘的凹凸个数和图案把它们整理起来）。玩“大富翁”游戏的时候，我很喜欢把我的钱和卡片存放得有条有理。所以尽管我的第一反应是责怪自己太懒，嘴里说哪怕它再乏味我也要坚持继续做下去，但其实懒惰和感到厌烦根本不是我的问题所在。懒惰和容易倦怠只是症状，而不是原因。

原因其实是：一接近这一特别问题，我的内心就会感到危险，就像当你的手碰到电炉时会本能地缩回一样。从心理上来说（也就是从精神和想象的角度来说），我们会远离那些让我们觉得会扼杀灵魂的东西。换句话说，这种恐惧深刻又重要，你必须克服它。但是，如果你误解了它就没办法克服。

我害怕整理我的财务抽屉，就像我恐高一样。我知道我不应该这样，但这种害怕的感觉是如此地真切。遭受头晕之苦的恐高症患者会感觉就像要坠入死亡深渊一样——尽管他们其实是安全的，但这是一种真真切切的恐惧体验。

幻想中解决这个问题的办法就是钱，这听起来让人疯狂，

/ 我对这种情形毫不同情。

但符合逻辑。如果我有更多的钱，会觉得自己与金钱的关系更融洽。但因为我对自己与钱的关系感觉不妙，我就不可能得到更多的钱。如果你对自己与金钱的关系感到不快，其结果就是一团混乱，由混乱而生的困惑和焦虑则让事情变得更糟。当我们的日常生活中遇到这些精神问题的时候，如何处理并且克服它们是一门艺术，但在目前却没有引起重视。

乍一看，古罗马诗人维吉尔可能不是我们求助的对象。在罗马帝国初期（奥古斯都是他最大的赞助人），维吉尔创作了一系列关于农事的诗歌——《农事诗》。这些诗歌相当于一本操作指南，告诉你什么时候该犁地，怎样养蜂，如何让葡萄藤绕杆生长。从当前的角度来看，这部诗集的重要性在于维吉尔描写了琐碎麻烦的日常工作和简单重复的资源管理当中呈现出的尊严、魅力和美德。这本书是写给那些天生不是农夫的人们的，他们认为自己很可能会因为懒惰或感到厌倦，而不愿意同时思考这种种不同的事物。

维吉尔是这样做的：他认为有一些工作本身就值得欣赏。这样的工作可以和结果区分开来。18 世纪德国作家歌德也是本着这种精神喜欢讨论复式记账法的魅力。他把注意力从金钱的收支转向记录方法上面。这项乏味的工作具有一种灵性上的优点，就是能够达到精确的效果。维吉尔在他那富有教养的文化当中处于绝对中心的地位，不但充满魅力，也具有情感和道德上的权威。他利用自己的权威，在写作中把我们的注意力带到看似细小的实际事务上，比如说，碰上雨天的时候该做些什么（算算有几袋谷物，编织筐子，修修犁头，磨玉米粉）。他把非常实际的操作指南，与对神灵和人生意义的讨论糅合起来，见微知著。所以，当人们做这些表面看来不起眼的琐事时，他们能发现自己如何为真正美好的事情做贡献，也能明白这样做的原因。这样一来，人们不会再感到这些都是毫无意义的事了。

我们可能往往认为，把一件琐事从我们的生活中独立出来的话，就会更好地处理它。我想这就是我父亲关上那个抽屉的意图。他觉得把这些令人讨厌、冗长乏味、让人不快的事物封藏起来，就不会再干扰生活的其余部分了。维吉尔和歌德倒是持相反的观点。他们直面平凡、棘手、持续不断的工作，并把它们带向自我认知的中心。

在一首诗中，维吉尔谈到工作的韵律。这首诗写的是秋天：

农夫的耕作四季轮回，随着年岁的穿梭回归。

而今之时，葡萄园脱掉了顽固的落叶，

瑟瑟的北风吹走了树林的骄傲，

庄稼人甚至现在就渴盼着来年，准备着新的耕种；

拿着弯曲的修剪刀，他认真修剪光秃秃的葡萄藤蔓，整理成形。

做第一个松土的人，第一个修剪枝干的人，点起篝火，

做第一个培植好你的葡萄藤杆的人，

但却是最后一个收获葡萄的人。

辛苦的劳作之后，终将会有来年的丰收。

他的诗句并不能让他描写的这些农耕活儿变得轻松点。他所做的是把农耕与人生的更深层意义连接起来，让劳动变得高尚而有尊严。他写神话，写四季，写地方宗教，描写精于农活的农夫的智慧与远见，还描写一步步耕作土地时所需

的专注。

保持财政上的井然有序所需要的不断努力其实是同一个道理。我们可以构想出一个现代的维吉尔，他会告诉我们财政年的节奏……最后一群燕子已经迁徙，冬日的第一阵寒风吹动着你的屋顶，现今该是你整理银行报表和收据的时候了。下班回家的路上，走进一家旧货商店，买两个能放下A4纸的木盒子。夕阳西下时，到一家文具店，买一些米色文件夹——这是希望的颜色。早点吃晚饭，然后把所有的纸张放在地毯上，摆在你面前。请你把它们分开，就像上帝把正义和邪恶分开一样。按照日期整理好。慢慢来。当你都整理完了，向热爱清晰和条理的阿波罗洒下祭酒致敬。第二天晚上，把你的心思投注于计算。第三天晚上，专心致志填写表格。如此一来，你即可将你的工作平均分配于这一季里。

维吉尔为这样的指导赋予了崇高的意味——他假设你是一个受过教育、有志趣、有思想、敏感的人（也就是说，是个正常人）。并且他没有采用责骂的方式，并不强迫我们顺从，而是以一个诗人和哲学家的身份指引着我们。

归根结底，人们是在培养一种艺术——一种微观政治艺术和家庭财政艺术。说它是艺术，我们就会意识到其中有许多融为一体的动机和回报。条理之中自有美，它是一种实实在在的美，整齐、清晰，就像元素周期表或者数学等式的优雅，或者像奏鸣曲中一个恰到好处的音符。它是一种经典的美。

我认为把整理的工作与面对的工作分开是非常重要的，因为从心理学的角度讲，这是两种截然不同的心理活动。你在做整理工作的时候就好像在整理收藏的贝壳、明信片，或者别人的文件一样。而面对一项工作时，我相信最好的方法是循序渐进。想一下子解决所有的事情是不可能的，这根本不可能发生。面对的工作和学语言、学乐器或运动一样。太快、太急切地想要全面做好工作是危险的，你会发现挑战过于艰巨，很可能吓得你失去继续努力的动力，让你最初取得的成绩付之东流。

在维吉尔的诗作中，他努力拉近我们不得不做的工作与我们渴望做的工作之间的距离。他为平凡的工作赋予了文化魅力和光彩，如此一来，这些工作就会显得更加吸引人，更像是你愿意参加的工作。这就是一个良好且有益的文化所具备的特征——它帮助我们喜欢做那些重要而又有裨益的工作，让我们乐在其中。

How to Make Money and be a Good Person at the Same Time

第六章　如何既赚钱同时又做好人？

一　金钱和工作

在本书开篇我就指出过，我们最典型的一种金钱焦虑就是觉得它像一个“病毒”。这是一种普遍存在的社会性焦虑，但它也可能体现为一种极为个人化的恐惧：“除非我出卖我的灵魂，否则我不可能赚到足够的钱来满足我的需求。”当我问自己需要多少钱才能过上满意的生活（而不是勉强凑合的生活）的时候，我得到的数字都大得惊人。我怎样才能挣到那么多钱呢?

换句话说，如果我追随内心的欲望，那么凭我现在做的工作，我担心赚不到足够的钱来过上我认为满意的生活。

当慈爱的父母听孩子们讲他们对成人生活的愿望时，那种焦虑就是一例。传统的情形一般像这样：

七岁的孩子：我长大后要有五辆路虎汽车，一架直升飞机，两个游泳池，还有一个巨大的蹦床，还有……

家长：嗯，听起来不错。那你怎么样才能买得起所有那些东西呢？你会找一份工作吗?

七岁的孩子：会的，我要去开校车。

这样的场景出自孩子的天真无知。他们对你所做的工作和得到的薪水之间有怎样的联系还没有概念。在七岁孩子的想象里，一项工作越有趣，它就会带来越多的好东西。这种愿望的核心是："我度过了快乐的时光，我希望因此获得大量回报。"这就是为什么成为体育明星和超级名模是学龄儿童中最受欢迎的"事业"选择。这种愿望本身是自然的。不幸的是，要想在这些领域获得成功，需要极高的天赋和极佳的运气。

父母与孩子的对话场景还有一个更实际的版本，这表现出另一种担心：

七岁的孩子：我要当房地产商。

家长：为什么呢？

七岁的孩子：因为他们赚的钱最多。

再问下去就能了解到，孩子们之所以这么选择，是出于他们对大小的简单猜想：你卖的东西个头越大，赚的钱就越多。这种选择也是由于人们相信金钱等于幸福。而我们会发现，孩子们好不容易得出这样一个结论：尽管抢银行会赚很多钱，但是太冒险了。当孩子们天真地认为工作中最重要的事情就是你能赚多少钱时，你不免有些痛心。

这些场景之所以重要，是因为孩子们想象的世界比我们所熟知的世界简单得多。在他们想象中的世界里，你只需要解决一个问题：做你想做的事，就会赚很多钱；赚到很多钱，内心则会得到满足。

我们面对的现实则需要同时解决两个问题：我们需要赚足够的钱（来满足我们的实际需求），并且我们需要做一些事情帮助我们实现自我价值，满足我们对人生意义的渴求，并能为社会的美好贡献一份力量。当然，你可以逃避，可以不关心人生意义，不关心社会福祉，并且你可以不介意自己拥有多少钱。但大多数人对这两个问题都很在乎。

我们之所以应该同时关心拥有的金钱和从事的工作，其实有很多深层原因，这两者都与人生美满有关。

显然，我们投入心力所从事的工作，对于我们是什么样的人具有重要意义。我们把心智花在什么地方，如何使用我们的情感资源，把我们的勇气、胆量、审慎或承诺用于何处——这些都是人生的重要方面，并且与工作和挣钱不可避免地联系在一起。我们需要这些人生的重要方面，才能找到最值得我们投入全部心力的活动。我们并不想把自己的核心能力浪费在做一些无关痛痒的事情上。

同样，正如我所说的，思考一下一个人需要钱来做什么也不是毫无必要的。至少在有些时候，金钱为我们提供的机遇和财产是至关重要的。

也许在潜意识中，我们对于满足感和收入的关系常常如下图所示：

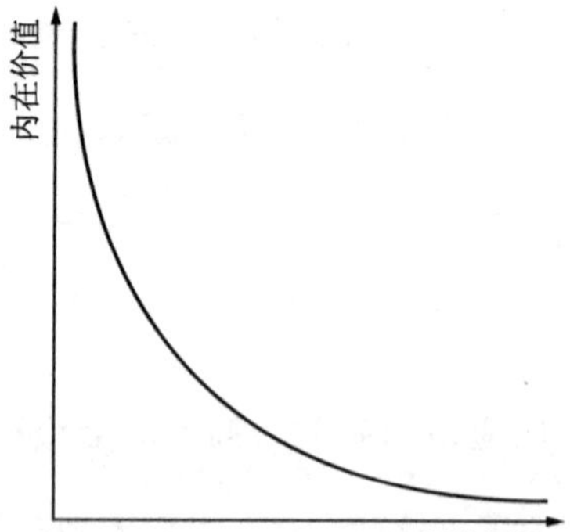

要更好地理解上图，可以试想一下，对冲基金经理报酬丰厚，但他做的工作看上去几乎没什么内在价值；或者试想一位小学老师，他帮助一个害羞的小朋友找到自信，尽管这工作非常重要和美好，但他得到的报酬却非常之少。

值得一提的是，在理想的乌托邦式经济模型中，满足感和收入的关系如下图所示：

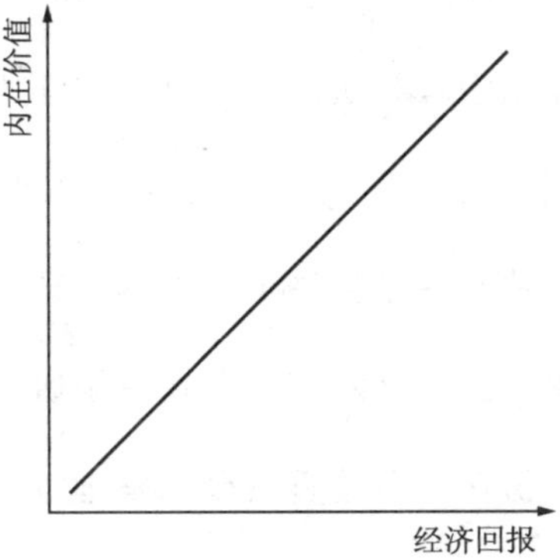

从个人角度而言，人们总是努力设法在自己的人生中实现这种模式。但是，内在价值不仅仅是对个人有益的事物，而且它自身就是真正有益的事物，因此这种努力也是一种公众服务。如果你把赚钱当作真正有益他人的工作的回报，那么希望挣很多钱就不算是贪婪。

20世纪80年代末，当我刚搬到伦敦住的时候，除了我之外，每个人看上去都赚了很多钱。我那时候刚刚拿到哲学的本科学位，我不知道将如何度过我的人生。我和表弟一起住在泰晤士河南边的一片破败区域，我们合租的小公寓大约只有12平方米。我做过一段时间的饭店服务员。我尽最大的努力工作，但是当顾客的食物上得晚了一点，明明跟我无关，他们仍然会很不耐烦，气得我流下羞辱和愤怒的眼泪。

后来我开始攻读研究生，这更加让我背上一大笔债务。晚上的学术讨论之后我们经常会出去喝啤酒。但这样一来，我把坐地铁的钱花在了喝酒上，不得不在阴森衰败的市区步行数英里回家。我的朋友克里斯在尼采研究方面做得非常出色，他找到一份在哈罗德百货公司整理货架的兼职。他哥哥这样讽刺道："你对人生的意义洞察深刻，但现在却在这儿确保果酱瓶的标签是不是朝外摆好。"尽管这句话有些残忍，但它说明一些真正的优点或价值并不能迎合经济上的需求。克里斯需要更多钱，但他要的并不只是钱。他也希望生活在一个拥有更好出路的世界，你也可以说，他需要一个能更好地让他发挥自己才能的市场。

人们总认为“资本主义”是一个有缺陷的体系，但我们可能已经深陷其中很久了。通常这种现象看起来非常残酷，但是我们找不到摆脱困境的明确出路。这会滋生普遍的忧虑，所以我想着眼于可能让我们对整体状况更感乐观的一些方式。

个人的忧虑和普遍性忧虑是相互联系的。两者都牵扯到同一个问题：物质的富足与做好人的结合似乎是一件难于上青天的事情。我们担心不能两者兼得。

二　他人的错误及教训

我们的重要任务是理解如何让个人和集体对利益的追逐与对更高价值的严肃追求结合起来。满足人类更高的需求能赚钱吗？

这个问题的答案在于：必须思考利益产生的原因，从常见的用于满足基本和中等需求的用途中去解读，理解可能如何利用它们来满足更深层的心灵需求。

与此同时，关注利益产生的原因还可以帮我们解释清楚赚钱的途径。常常人们总还是有些怀疑财富是靠剥削而来的，认为有些人之所以赚大钱，实际上是他们从其他人手里抢走的（“财富是造成贫穷的原因之一”这种说法就隐藏着这种误解）。

要解决这个问题，我们可以问自己以下问题：

你比较认同的赚钱的例子有哪些？这些例子的实际情况如何？

在这里我提供自己收集的四个例子进行说明。

1. 机会卡的例子

在我们玩的“大富翁”游戏中，有一张机会卡，上面写着：“你在市场上买了一幅水彩画，然后卖个大价钱。得到20万英镑。”这张卡片反映出一个最基本的赚钱理念。

在摆满小古董的小摊上，一幅没有画家名字、没有装框的水彩画夹杂其中，完全缺乏迷人魅力和价值的明显标签。但内行人却能辨别出这幅画的经济价值的首要标志——画家的独特画风和精湛技巧。如果把它精致地装裱起来，摆上标有著名画家名字的铭牌，把它放到伦敦梅费尔高级住宅区一个安静高雅的画廊里，那么每个人都能看出来它肯定会高价待沽。

与以上情境相关的一个优点就是“去除偏见”——不受周围环境的影响，按照事物的属性与特质去判断事物本身的

/ 找出无价之宝。

价值。这种眼光与很多社会习惯的本质背道而驰。通过把物品按照相关的次要价值标签来重新定位就能挣钱。

这里涉及的另一个优点是能够把握正确的环境。你需要为这个物品添加哪些条件，才能使更多人意识到它的价值？在画廊的例子里，我们已经有了答案。（当然，江湖骗子也可以把这种能力用于诈骗，将缺乏真正价值的东西贴上次要价值标签。）

2. 雷克斯的错误

伊夫林·沃的《故园风雨后》一书中有这样一段情节：住在巴黎的主人公查尔斯与粗鲁贪婪的金融冒险家、国会议员雷克斯·摩特拉姆一起外出共进晚餐。

这顿饭由雷克斯请客，他们去了查尔斯最喜欢的饭店。这家饭店很低调，但各方面都非常完美。雷克斯很喜欢这里的食物，但随后他开始考虑“如果这地方真能有人好好经营的话，盈利状况会好得多”。我们知道这意味着什么。这家饭店将会失去真正的优点，变得过分铺张浮华，价格将会大幅攀升，迎合八卦和当下潮流。查尔斯对此感到厌恶。这时，人们就会倾向于站在查尔斯这边，觉得商业化是敌人，属于像雷克斯议员那样可憎而冷漠的人们。我们担心当你想要让一样东西商业化，你就会不得不降低其品位，贬低其价值。原本高雅优美的东西变成了市场上粗俗的大路货。很明显，这是一个真正存在的危险。

但我们还可以从另一个角度考虑这个问题。我们知道，这家饭店在很多方面都运营得非常不错，显然比其他很多饭店更出色。那么同情查尔斯的人应该希望这里会有更多这样的饭店。他们应该希望像这样的成功不该如此稀有，而应该普及开来。但是，如果我们要问为什么它很稀有，答案应该是：没有多少人知道怎样做才能如此成功。怎样让这家独特的饭店如此精美，背后大有学问：怎样将环境布置得精致美丽，如何设计菜单，如何保持高品质，怎样营造出一种氛围，让身处其中的人们体现出自己高雅而富有思想的一面。

同时，我们应该希望能广泛传播这种知识，在世界上发挥更大的影响。商业化就是让那些真正优秀的特性能在更多地方取得成功的过程，比如，这样的智慧如何引导一家酒吧或饭店的管理经营？对我来说，《故园风雨后》的例子很重要，在相当长的一段时间里，它在我的脑海中挥之不去。我一度认为商业化只属于所有像雷克斯那样的人。我从来没有思考过我喜欢的事物如何在世界上有效地参与竞争。我没有意识到这一点，一度很悲观。我觉得利润就是敌人，结果因此把权力和地位让渡给了那些我不喜欢的事物。

我无意识地认为，好东西不可能同时有利可图：最优秀的电影不会赚钱，最高贵的诗歌卖不出去，因此有品质有意义的东西需要政府扶持才能存活。我希望政治家们能干预市场，为美好和严肃的事物保留一个无竞争的安全地带。后来我逐渐意识到，政治机制不可能实现这一点。政治反映的是社会上现存的主要问题，雄心勃勃的政治家们必须将注意力集中在赢得选举上，这就意味着要应对摇摆选区里目标选民们关注的事情。从广义上来说，真善美的繁盛是政治的核心关怀，也就是说，这是一个伟大的集体任务。但政治过程中的现实限制意味着政府不会是实现这些理想的万能天使。所以那些希望美好的事物能在社会上繁荣发展的人，必须参与到具有既定文化的市场之中，这种参与正是叫做商业化。

3. 地标信托的启示

我们应该从地标信托公司的事例中获得启发。该公司成立于 20 世纪 80 年代，总部设在英国，现在法国、意大利和美国都有分公司。公司的出发点是想要挽救并维护一些有趣、漂亮的建筑，否则这些建筑将会变成废墟或被拆除。这些建筑并没有突出的历史和建筑价值，不足以让国家出面保护，使其变成国家遗产。地标信托的目的是把这些建筑商业化，即：把建筑变成独特的可以高价出售的度假体验，以此支付这些建筑的维护费用。

在这个案例中，被出售的商品是在这些建筑里的度假体验，这是非常雅致的东西。地标信托将这些建筑装饰一新，并配备家具，风格简单朴实，精致优雅。一般人也许会担心这种通过包装售卖假日行程的方式，是否会牺牲掉这些建筑的完整性和魅力。然而，地标信托管理得非常好，经营者牢牢把握了这些建筑的真正价值，而这也正是卖点。他们找到了一种让美好的事物在市场中占有一席之地的方法。

“商品化”这一与之紧密相关的词常常被赋予贬义和敌意，好像我们应该为此深感痛心。但我们真正应该抵制的是劣质的商品化。商品化仅仅是把一段无法出售的体验或物品转换成一种能用标准方法来量化和衡量并用于出售的过程。

/ 商品化和对利益的追逐创造了这番景致。

大约从 1785 年到 1825 年，当爱丁堡市扩展出卫星城的时候，建筑区和房屋的设计都被商品化了。你可以购买一块土地的股份，有权根据详细定义的等级建一座精美的房子。这些股份可以拆分交易。但是，当时这样的商品化并没有导致国家的道德腐败或者玷污了美好事物。相反，它是经济基础，帮助建造出世界上一些最优美的连栋房屋、广场和新月形街道。

在这个例子里，对建筑物的标准分级容易受到城市杰出建筑观念的影响。或许历史上那些城市规划师是幸运的：极有修养的公务员从事分级和标准化工作，他们把高雅的品位和金融天分结合起来。

商品化的错误不是把质量档次标准化，也不是大批量交易市场的存在。它错在这些质量档次与数量并不一定能反映我们对价值的最佳理解。比如标准化的宾馆房间通常都缺少灵魂，但那是因为它把没有灵魂的住宿事务标准化了。如果我们拥有更强的洞察力和技能，我们也能把宾至如归的感觉和亲密关系标准化。

4. 亨利・福特的例子

重组一度由许多独立的小型制造商承担的工作，以便进行大规模的经济生产，这个过程叫做“工业化”。汽车制造业的早期发展阶段见证了工业化的经典进程。起先，每家小型公司都各自制造一些汽车。亨利·福特重组了生产环节，提高了大批量制造汽车的效率，因此销售价格也更便宜。

我们很容易在情感上更支持小型企业，认为工业化是经济发展必需的产物，只是一个枯燥的事实，而不是我们应该追求的、与我们更高尚的抱负有关的东西。我们认为工业化对汽车制造来说还可以接受，但用在人际关系上却难以接受。

就拿心理治疗来说吧。现今有许多小型心理治疗诊所，属于各种不同的心理治疗学派，质量参差不齐，每家都有自己的训练方案。这项服务在人们家中或咨询室的套间里进行。在公众眼里，心理治疗有些神秘，然而效果却不确定。人们认为心理治疗师喜欢身穿奇装异服，行为怪异。能体现这份职业的组织性的是它与药物相关，并且只处理极端问题（这也是药物常有的特性）。心理治疗很昂贵，让人有点尴尬，进程缓慢，并且不可信赖。

然而，如果我们客观地来看心理治疗，就会发现它是非常重要的人类行为。其基本前提是，许多人正遭受内心的痛苦。我们搞砸人际关系，对自己的生活感到失望，丧失信心，感到愤怒却又无能为力。类似“无声无息的绝望”和“生命在流逝”等短语表达了我们的共同处境。我们依然正常，也能把日子过下去，但我们渴望得到的远不止这些。心理治疗的指导性原则是，可以为你提供实质性的帮助。如果我们能找到正确对待内心生活的方法，就能缓解这些问题，我们就能维持让人更满意的人际关系，对人生方向做出更好的决定，把自己的才能施展得更富建设性。

我们可以把亨利·福特的方法运用到人们对内心生活的需求中。心理治疗师如果能有较稳定的职业发展，就能做出更好的研究，接受更精良的训练。如果有更多的资源可以广而告之，就能使心理治疗的各项议题融入到大众文化中，如果心理治疗室更清雅，治疗师的地位和声誉提升，那就能改变大众的观念，当然也能让心理治疗师获得更多的收入。这与规模和组织有关，这就是工业化的智慧。

5. 亚里士多德的阐释

在《尼各马可伦理学》一书的开头，亚里士多德这样阐释手段和目标的基本关系：“每一门艺术、每一项研究、每一个举动、每一次选择，都以某种善为目的。”因此，只有当你知道某项活动或调查是以什么样的善为目标时，你才能正确地了解它。

我们需要理解目的，才能正确地领会应该采取什么样的方法。

很多时候，一项活动包括多个阶段。亚里士多德用了一个现在看来比较古老的例子来解释这一点。当然，他讨论的是他那个时代的大型技术产业。“制造缰绳或者马行头的人及其他部分的技能属于马术，同时这项技能和其他各种类型的军事行动都属于军事科学。”军事科学自身则属于良好社会更宽泛也更重要的科学——政治学。

这一论断的逻辑很清楚：好缰绳能够使人们更好地控制马匹，但马术本身在很大程度上是一种领导艺术。在这种语境下，善于驯马的意义在于能够有效参与军事活动。但骑师无法定义如何才算有效，领导艺术才能决定他们需要骑兵做些什么。但领导才干本身又从属于政治艺术。这就是说，战争的意义只是在于达到更远的目标，而这些更远的目标不是在战场战斗的技能，而是国家的安全与繁荣——这不再属于领导才能，而是属于政治范畴。

说到这里，我们可以归结如下：在每一个阶段，你都要问，这个阶段是在为何种善服务？如果要使它变得对我们的确有所裨益、变得真正重要，我们需要让它变成什么样子？

亚里士多德把目的或者目标视作一种善，这很关键。某种活动或者调查的目的是什么样的善？这就是为什么这一讨论对伦理学极为重要，伦理学寻求的就是关于善的知识，这也就是为什么金钱问题总是伦理问题。

亚里士多德阐释了对人类各种活动具有重大意义的问题。这种观念已被运用到商业理论中，并有了一个干巴巴的名字——“纵向整合”，就是说，不同的商家同时将各种各样的组件提供给一个大企业主。这种想法其实源自亚里士多德——尽管在他的理念中，每个人不是在为某个商业巨头工作，而是为了更高的理想。

艺术是非常需要此类纵向整合的一个领域。现今的人们多以“对艺术感兴趣”来描述自己。他们去上艺术学校，发展艺术思维，而后寻求展出的机会。画廊搜罗好卖的作品，努力推销艺术家。不管可能出自什么原因，收藏家根据自己的兴趣爱好购买一些艺术家的作品，造就了艺术家的事业。到了一定时候，公共机构认可一些艺术家，并且最终打造出一些非常重要的人物。在这一过程中，多种宣传机制发挥了作用，诸如报纸评论、杂志访谈等。而在这背后，人们在讨论艺术的本质和价值。

但是与亚里士多德的理论相比，这是一个混乱的体系。人们很少关注潜在的问题，即：艺术实际上是为了何种善服务？我们怎样才能将这种善最大化？如果能解答这些问题，画廊和艺术学校的目标将会更加具体清晰，反过来也给那些艺术学校提供了录取标准。

从以上这些例子和分析中我们能得出什么结论？我并不是真的想要在赚钱方法上给你什么指导性意见，毕竟这不是一本告诉你该怎样赚钱的书。人们非常容易从别人的成功中感到挫败，所以心里记着这些例子的重要启发会大有帮助。人们可以通过真正善的途径赚到钱，所以，我们应该关注别人是怎样获取这些财富，而不只是关心他们拥有多少财产。如果财富是以真正服务于人类的最佳利益而获得，那么通过这种方式赚钱的人就是我们的朋友——当然，我指的是在我们的想象里。所以，在批判地看待赚钱的多种途径时，你没有必要对钱反感。

这涉及生活中的一个重大主题，但在我看来，它没有得到足够的重视。这涉及我们在看待他人的经济成功与失败时应该怎样定位自己。我与很多崇拜或鄙夷金钱的人交谈过，但我发现上面给出的案例分析让我的内心感到坚实。我知道自己欣赏什么样的财富创造方式，以及欣赏的原因，而这让我在必要的时候随时能够批判性地看问题，而不会只是感到嫉妒。

我还想提一下案例分析的另一个益处。在我的工作中，我会思考非营利性学术部门是如何增加收入的。我的很多同事把增加盈利当作痛苦的屈尊与让步。但这些案例分析指出，开发市场并且盈利可以变成高尚的活动，这有助于我们重新聚焦想象力。我们不用接受大学教授版的雷克斯·摩特拉姆的建议，而要努力更像地标信托公司那样去经营。

在追求利润的同时做些本质上善美的事情，这并不是幼稚的想法，只不过有些棘手罢了。但这没关系，工作的本质就是为了解决棘手的问题。

My Place in the Big Picture

第七章　我在社会中的位置

一　富人的问题

你觉得自己是贫穷还是富有常常取决于你在跟谁比较。在纽约市上东区漫步时，我感到自己简直是穷困潦倒。但当开车经过穷困的郊区或者街道时，我会感到一种奇怪的疗愈效果。这是因为我们常常根据当下的环境来重新构建对自己的看法。

几乎人人都渴望财富，并且大多时候这种欲望会遭到挫败，所以不管是个人还是集体，我们必须意识到富人们也有问题和烦恼，这一点极其重要。

然而我们常常不会那样做，因为我们觉得“为什么我应该替他们感到难过呢”？但这里的目的不是对他们进行道德辩护，重要的是让我们能够安然过着不富有的生活，并且让我们免于无望地渴求大富大贵。

1. 遗产的问题

继承财产往往带有错误的附加条款：“我给你了这些，即便在坟墓里面我都能掌控你的人生。你必须按照我的标准评判你的人生；我拥有你的灵魂。”这是一种“祖先嫉妒”。何谓成功？衡量标准被设定得高不可攀。

靠继承财产而富有的人们很容易感到内疚。如果继承者善于思考，他一定会想："为什么是我？"（如果他不善于思考，那也是很麻烦的——尽管是另一种麻烦。）他没有直截了当的答案，他出身于这个家庭纯粹是机缘巧合。他们并没有通过努力获取财富，所以觉得自己在道德上缺乏支配的权利。

这些人生来就是人们嫉妒的对象。他们要不断地面对一些心里愤愤然的人们："你轻易就得到这一切，而我们却要埋头苦干。"嫉妒的声音对继承者说："我恨你，我想要你拥有的东西。你不应该拥有，我才应该是财富的主人。你一定觉得痛苦和内疚，但如果我拥有你所有的一切，我会很开心。"如果知道别人是这样看待你的，你一定会感到如坐针毡。

那么，问题的答案是什么呢？那些继承了大笔财产的人应该如何面对？

（1）许多美好的东西的分配都是不公平的，也不是出于什么人道主义的原因。例如好看的长相、运动能力、健康的身体、温和的性情、求知欲和智力、轻松自在的态度、社交能力与智慧、父母开明而又亲切……财产继承只是这些美好事物中的一个，并不是特殊案例。

（2）由于你并没有参加财产继承的决定过程，因此你应该努力消除内心各种迷信的想法。继承财富不代表祖先对你的认可，你对这笔财富也没有应不应得的问题。

（3）别人会不公平地评价你，但这是生活中很正常的事情，别人并不纯粹因为你继承财产才会这样评价你。世界本来就是如此，万事万物的发生都有不同因素，继承财产这事也不例外。

2. 嫉妒的问题

我们也应该注意，财富并不能使人不再感到嫉妒。20 世纪 30 年代，在伦敦住着一位富有的美国社会名流奇普斯·香侬，他的府邸精致漂亮，举办过多次豪华的晚宴。在外人看来，他的日子似乎最无忧无虑、令人沉醉。然而，他的日记里却记录了这样一段异常有趣的事情。

/ 住在这里的人……

/ 住在这里时他嫉妒得快吐了。

他提及自己在蒙特摩尔塔楼逗留的经历。蒙特摩尔塔楼是欧洲乃至世界久负盛名的金融家族罗斯柴尔德家族的财产，庄严奢华。香侬写道："我担心自己嫉妒得快吐了。"（他喝醉了，于是借酒泄愤，打碎了拿破仑大帝受洗时用过的镀金水壶。）

这里想说的道理很简单：尽管香侬拥有一切，他还是会变成强烈嫉妒的俘虏。这里的教训是，金钱不会带来像我们想象的那种解放。如果我们能把这一教训铭记在心，它就能像心理安全带一样保护我们。有钱人照样会感到痛苦，因此拥有和他们一样的生活并不能解决我们的问题。

3. 浪费的问题

大量金钱会让你的行动随心所欲，畅通无阻。拥有稳定财富的人做事时能够无所顾忌，但可怕的是，这实际上往往会导致不幸。欲望与成功之间的关系非常不和谐。欲望追求的是享乐，而美好人生取决于我们所创造的善。如果我们要实现有价值的目标，需要努力、专心、投入、耐心以及自我牺牲等品质，而追随无节制的欲望则是与这些品质为敌。

一个人如果想要拥有像样的人生，即便有钱每天外出用餐，每次喝两瓶香槟，他也必须克制自己不那样做。所以，他们每天都必须抗拒诱惑。出去吃午饭和喝香槟给人的第一感觉是非常诱人，但这种享受毫无意义。每天他们可以跳上飞机去不同的地方，但去干什么呢？我今晚要在威尼斯过夜。不，巴黎很好，或许我该去那儿？但什么都是永远不够的。我的私人飞机太小了，我的岛屿的形状不好。我想要一个幸福的家庭和23个情妇。如果我看谁不顺眼，我就想毁灭他，并且我有这种能力。政府想要拿走我的钱，我不信任自己的律师和财政顾问，他们都只关心能从我这里得到什么。

4. 成就不够的问题

我们认为富人都是功成名就的人，至少觉得那些靠自己努力挣得财富的人是这样的。但其实并不尽然，挣钱只是第一步。

历史上，财富的配置方式令人惊叹。必须与其他人利用金钱所做的事情进行比较，才能衡量某一项成就是否真正伟大。

一位富人建造了这个建筑：

现在这座已经变成阅览室的图书馆经受了时间的考验，

/ 什么样的想象力和经济实力让这座大厦拔地而起？

变成一种灵感，象征着典雅和智慧的融合。当然了，建造这个建筑物需要钱，但它需要的远远不只是钱。很多人拥有的现金足以超过建造这座建筑所需的金额，但是他们没有在类似这样的领域里去竞争。与他们拥有的资源相比，他们的成就不尽如人意。在今天，相类似的成就可能看上去不会有这般宏伟的面貌，但应该具有另一种形式的伟大。当然了，关于慈善的例子不胜枚举，这是富人的一大问题。他们真的应该向那些慈善案例看齐，但他们常常知道自己并没有那样做。

这里的道理不是说我们应该同情富人，相反，正如简·奥斯汀所倡导的一样，我们要努力强化自己的尊严。

《傲慢与偏见》里最有名的场景恐怕就是伊丽莎白·班纳特拒绝达西先生第一次求婚的时候。在拒绝他的时候，她罗列出富人的很多问题：他的骄傲和自私；他自认为可以得到任何他想要的东西；他看不起她的家庭（她的家人理应受到温柔的对待）；此外，他觉得自己不理会自己的理智判断而忽视两人的社会阶层差异，已经算是对她的莫大恩惠了。伊丽莎白通过看清达西先生的缺陷，聪明地保持着自己的尊严。问题绝对不是出在他的财富上面，伊丽莎白绝对不会仅仅因为他有很多钱才拒绝他。

二　贫穷的好处

从那些不通过钱也能设法大有作为的人身上，我们能学到很多意想不到的东西。因为人们普遍对贫穷有着强烈的恐惧感，所以不管是作为个人还是集体，我们应该教育自己去领悟贫穷的潜在好处。这并不意味着我们要无视贫穷的痛苦，而是为了应对我们自己无穷无尽的焦虑。如果能够减少恐惧，我们将会感到解脱。

贫穷能有什么好处？如果没有经历过贫穷，我们能从中学到什么吗？这听起来很奇怪，但在过去，人们通常对贫穷充满敬意——人们不是敬重饥饿、侮辱或焦虑，而是敬重视金钱如粪土，避免拥有财产。比如圣方济各就认为，自愿受穷是一种积极的善行。在描写这位13世纪圣人生平的《成德明镜》一书中，一位作者写道："圣方济各做的最主要的事情就是厌恶金钱。"在这一卷中，有一个片段非常精彩。一天，一位朝圣者走进圣方济各所在的教堂，并虔诚地在祭坛上留下一块金币作为奉献。结果，一个修士把这块金币扔出窗外。不过，对圣方济各来说，这还不够。“他要求他用嘴巴叼起金币，放到驴粪上。那些看到和听到这一切的人感到十分恐惧，并且从那时开始，他们对金钱的鄙夷超过了驴粪。”

这种对金钱的强烈憎恶态度源自一种完整的人生观。他们认为，物质财富和名声不仅不重要，而且是非常危险的：它们从根本上就是腐朽的。

那么，我们能从这种禁欲主义中获得什么益处呢？

1. **不再纠结和患得患失**。但这需要你明白自己还应该把注意力放在什么别的地方。圣方济各因为热爱自然和朴素等其他东西才钟爱贫穷。他认为自然是上帝的造物，希望自己全身心地投入其中。阳光、小鸟和花朵都是他心目中理想人生的模型，对这类事物的热爱并不体现在占有它们。

2. **更敏锐的洞察力**。远离大千世界的嘈杂和争斗，我们能够看清人和事的本来面貌。约翰生的早期诗歌《伦敦》写于他穷困潦倒的时期，其中一些观察非常精妙。他注意到因为男人们喜欢把烟吞到肚子里去，所以就出现了将黏土加工成烟囱的建筑物和长满烟草的田地。有人喜欢把闪闪发光的物体戴到头上（他这里指的是耳环），于是就有一些人毕生都在地底挖掘、寻找能够反射光线的东西（钻石），还有一些人开着小店铺，把这些东西换成金属块（黄金）。他发现了世界上许多活动其本质都非常奇怪，正是贫穷时期建立的这种洞察力，使约翰生成为伟大的思想家。

3. **独立**。如果你没有随波逐流地追求他人想要的东西，你的动机就是真实的。古罗马人很喜欢辛辛纳图斯的故事。尽管辛辛纳图斯是一位伟大的战士，但他却过着极其朴素的生活，自己耕地，吃白面包。在国家动荡时期，他被推举为临时执政官，掌握政权。打败敌军后，他的地位足以让他富可敌国，然而他却回到老家，继续过着节俭的生活。罗马人视之为清廉君子的典范，因为无论别人给他什么东西，都不能改变他内心的坚持。没有人能收买他，因此人民才信任他，赋予他无上的权力。

那么，我们到底能从这些例子中学到什么呢？可以肯定的是，单单拥有贫穷并不能保证增加任何类似的益处：美德并不会自动与贫穷为伍，它们其实取决于自愿——愿意放弃大多数人梦寐以求的东西。这些优点其实来自对缺钱的无畏无惧，源于内心的安全感。辛辛纳图斯能够拒绝本应该代表着成功的全部意义的回报，是因为他的注意力在别的地方。你可以说，他所拥有的内心富足使外在财富变得无足轻重。当然，一般情况下贫穷的情形完全不同。约翰生和圣方济各也是这样的。在每个案例中，他们应对贫穷的能力在于，他们拥有一种全然不同的内心力量，一种金钱无法触碰的尊严。

在我们的例子中，三个男人都选择了节俭的生活，他们完全可以选择赚更多的钱，许多人都无法像他们拥有那样的选择余地。他们虽然过着贫困的生活，但精神体验却完全不受贫困的影响。

我在这里并不是想说贫穷有多好，毕竟这些例子里的人都不是普通人。他们给我们的启示是：当人们越投身于其他事情的时候，他们对金钱就越不在乎。对我而言，我想学习这种经验，看它告诉我们应当怎样处理与金钱的关系。这种启示其实会将我们带向金钱焦虑的核心，让我们明白如何解决这些焦虑。这是贯穿本书所有内容的主线。

三　与金钱的亲密关系

正如我在开篇所说的，金钱焦虑不同于金钱困境，前者与我们的想象力和情感有关，涉及我们如何比较自己和他人，要面对嫉妒带来的危险和偶然的好处，涉及怎样理解我们的需求，我们在乎的事物及其原因，我们怎样处理长远问题和短期问题等等。

思考富人的困扰和理想状态下贫穷的美德，能让我们在与金钱的关系中看到一些关键重点。

一段关系的品质，取决于你和对方（这里指金钱）能为彼此带来什么。如果你能带来许多优秀的资源，那么与明显没有前途的东西（贫困）保持一段非常好的关系也是可能的。但如果你缺乏资源，那么无论财富有多少好处也显得不重要，因为你无法利用财富的那些优点。

感情的质量并不是只看热烈程度。巴尔扎克在《高老头》中生动描写了一个老头在阁楼上如何抚摸自己的一小堆金子。他抚摸着这些金币，一脸的心满意足。这简直不亚于一

/ 教养的理想：高雅与对工作的投入。
《歌德在书房里向秘书约翰口述》，约翰·约瑟夫·史美勒，1831年。

场艳遇，但这是一段可怕的关系。他只展示了自身很小的一部分——对于财富的贪欲。这种欲望压倒一切，但是几乎忽略了良好关系所需的每一样品质——自我认识，智慧，慷慨，善良，对生活和新鲜经历的热爱。

或者我们再来看辛辛纳图斯这个本可以掌控全罗马的财富却最终选择回家种地的人。他这样做并不是因为他否定自己，或者觉得这样做会受到赞赏，而是因为对他来说，这是一种让他更快乐的追求。我们可能不会像他一样可以拥有这两种选择，但只要我们不再厌恶简单事物的平凡普通，我们也能够在其中找到乐趣。辛辛纳图斯能够把自己全心投入到耕种之中。

金钱困境则确实只与金钱有关，与我们和金钱的关系无关。如果我背了一身债，有一堆账单等着我支付，但是没有钱，那我就真的有麻烦了。不管我的人生观多么有趣、多么成熟，不管我多么富有想象力，不管我的品位多么上乘，这些好品质都不能帮我解决困境。我必须弄到更多现金，或者重新调整生活，或者破产。

我们的金钱焦虑几乎全与我们和金钱的关系有关，这些焦虑大多涉及我们头脑里思考的东西。而减少焦虑的办法则是增加我们对这一关系的贡献。我们必须关注我们能贡献什么。我们要变得更富想象力，更有耐心，更注意在体验中收获的教训，要认真对待我们最关心最在乎的东西，更谨慎，更具备独立判断能力。但最重要的是，我们必须知道我们真正最需要什么。

我知道，初看起来这很奇怪。我们肯定觉得要想减少金钱焦虑，就必须赚更多的钱或者想办法节俭度日。但不管多么理所当然，这种看法是不正确的。人与金钱的关系只是部分与金钱相关，更主要的是涉及其他事情。所以我们要实现理解的跳跃——这种跳跃看起来令人惊讶，但却非常重要。我们需要问问自己的内心，思考一下金钱对我们来说意味着什么。

在我心目中，歌德是断然拒绝过多担心金钱的代表人物。从他对自己经历的很多描写中，我们知道他决意找一份报酬丰厚的工作。他出身于富庶家庭，但寻求独立。他原本从事法律方面的工作，后来改行做政府顾问，以便获得更多薪水（那时候的报酬情况的确如此，今天这两种职业的报酬可能刚好相反）。他遇到了严重挫折，但他坦然面对。他的第一部小说非常受欢迎，但因为当时的版权法并不健全，他没有赚到钱。之后，他谈判签下更好的合同。他非常擅长财政事务，把自己的收入和支出记得一丝不苟。他喜欢金钱能够买到的东西，比如正像我们在照片中看到的那件时髦的居家外套（他的书房没有暖气）。尽管如此，金钱和金钱焦虑并没有掌控他的内心生活。他用极其敏感细腻的笔触描写爱与美。当涉及钱的时候，他完全是现实主义和实用主义的，但这并没能让他放弃探索生活中更伟大、更重要的思想，从中发掘价值。

他与金钱保持着良好的关系，因此，我们可以把他当作一位能够为我们提供启示的英雄牢记在心。他在挣钱的同时，不忘关注对他而言真正重要的事物，在两者之间保持着正确的平衡。

当然，像所有的英雄一样，他似乎是一个遥不可及的人，不论是从历史、地理还是意识形态上，他都与我们有着足够远的距离，因此我们能够轻轻松松地看待他的成就。但这恰好为我们指明一个更清晰的奋斗目标。

延伸阅读

在我思考金钱问题的时候，我在许多地方获得过启发，其中一些乍看起来令人惊讶。我推荐您读读以下书籍，除了读有关金钱的部分之外，请不要忽略其他内容。

第一章　引言

我对于金钱焦虑（不同于金钱困境）的思考受到亚当·菲利普斯的一次电台访谈的启发。他用小狗“担心”骨头的例子谈到我们焦虑的本质，颇有见地。

第二章　思考金钱

一　金钱焦虑的真正内涵

西方哲学传统始于苏格拉底，他让人思考原本人们认为不用存疑的地方。他关注同代人敬仰的东西，比如勇气，让人们认真反思：“勇气的内涵到底是什么?”这种方法在柏拉图的《理想国》中得到了最好的验证。在此书中，苏格拉底提出的问题“何谓正义?”引发了讨论。只有当我们问出正确的问题时，我们的思考才会进步，苏格拉底是提出这一概念的伟大鼻祖。

二　与金钱的良好关系

我对感情关系的探讨受到唐纳德·温尼科特的启发。他认为，从本质上说，我们都是善于建立关系的动物。我们与概念和物品（包括金钱）的关系，与我们的人际关系有很多共通之处。因此，我们可以说小孩与数学交朋友，并且在理想情况下，数学老师是这段友谊的助推剂。《游戏与现实》非常精彩地介绍了温尼科特的研究内容。

第三章　金钱的神秘意义

一　当钱不再是钱的时候

在人们心目里，金钱是何物？高尔斯华绥的小说《福尔赛世家》精妙地探讨了这个问题。1967 年，这部小说被改编成一部优秀的电视剧。对于主人公索姆斯·福尔赛而言，金钱意味着美好与诱惑。虽然他能赚很多钱，但妻子对他却不满意，他无法理解这一点，也一直没有意识到第一次婚姻中越来越严重的问题。他并不觉得她贪财，他知道她渴望爱。但在他的心目中，钱和爱是同一码事，所以他认为给钱就等于给爱。

狄更斯在这一话题上也有独到的见解。在小说《荒凉山庄》中，金钱和正义混为一谈，而在《小杜丽》中，金钱与尊严纠缠不清；两个故事的后果都是灾难性的。

二　如何看清本质

对人的潜意识态度进行分析大概始于弗洛伊德。他认为我们无意识地把现实中明明不相干的东西联系起来，从而破坏了我们正常行动的能力。如果想进一步了解，可以先读弗洛伊德的《精神分析纲要》。

三　金钱是什么?

在尼尔·弗格森的《货币崛起》第一章讨论了金钱的定义，非常值得一读。

第四章　金钱与美好生活

一　作为要素的金钱

厄奈斯特·巴克尔爵士在1906年出版的《柏拉图与亚里士多德的政治思想》中讨论了亚里士多德

的经济理论，能够为我们提供启发和英明指导。在书中，巴克尔阐释了亚里士多德的观点，即金钱只是一种资源（如同建筑材料一样），你可以用得恰到好处，也可以用得糟糕透顶。但金钱本身并不会教我们要怎样利用它，正如一堆砖块不会告诉你怎样建造一幢漂亮的房子。

狄更斯是用“要素”态度看待金钱的另一位典型代表。他的笔下描绘过最高贵的角色（如《雾都孤儿》中的布朗罗先生），也写过一些臭名昭著的反派人物（如《艰难时世》中的葛擂梗先生），他们都非常富有。可见金钱本身并不会造成什么区别。

二 简·奥斯汀的婚姻理论

简·奥斯汀的《理智与情感》当然是一个精彩的爱情故事，但同时，它也仔细讨论了金钱审慎与自我放纵的区别。事实上，简·奥斯汀的所有小说都具有双重经济主题。一方面，拥有足够的金钱是幸福婚姻的一个必要条件，不论男主人公还是女主人公都要面对这个问题。比如在《劝导》中，温特沃斯上校为了能和真爱安妮在一起，不得不在战乱时期赚钱。另一方面，简·奥斯汀总会描写一些尽管有钱却生活得一塌糊涂的例子，比如《曼斯菲尔德庄园》中的克劳福德一家。

三　从嫉妒中学到的东西

我们应该怎样用嫉妒来教育自己呢？阿兰·德波顿《哲学的慰藉》的最后一章里有一段经典的陈述。

第五章　确定顺序

一　需求与欲望

马斯洛发表于 1943 年的论文《人类激励理论》是讨论人类需求层次结构的经典论述。

二　我到底需要多少钱？

1975 年首播的经典电视喜剧《美好生活》睿智地讨论了一对夫妇的生活需要花多少钱的问题。

三　价格与价值

艺术评论家约翰·拉斯金在 1871 年出版了书名奇怪的《穆纳里斯·普尔维拉》(*Muneris Pulvera*)。他在开篇便讨论如何重新将价格与价值联系起来，有重要的意义。尽管这本书年代已久，但它最清晰、最大胆地提出我们需要建立以价值为基础的经济体系。拉斯金认为，金钱就是**拥有美好事物的潜力**。切实拥有真正美好的事物构成了财富。但可悲的是，金钱同样会让我们获得有害或是没有价值的事物，他把这种情况叫做“**不幸**”。他认为，产品价格应该由制作它所需要的手工劳动或脑力努力来决定，而不是由需求而定。

四　渴望与恐惧

我推荐维吉尔的《农事诗》。

第六章　如何既赚钱同时又做好人？

一　金钱和工作

我受阿兰·德波顿的理论影响很深，他在《工作颂歌》中论述到资本主义本来能够也应该涉及我们的高级需求，但是它并没有这样。他的另一本著作《幸福的建筑》的最后一章讨论了金钱、品位与美之间错综复杂的关系。

对于如何出卖灵魂，巴尔扎克在《幻灭》及其姊妹篇《妓女的辉煌与悲苦》中描写得淋漓尽致，让人毛骨悚然。（看的时候要有耐心，第一本小说《幻灭》的第二部分远比第一部分有趣。）

二　他人的错误及教训

1981 年电视剧《故园风雨后》精彩地再现了前面提到过的饭店场景。欲知更多地标信托公司的有关信息，请登录：www.landmarktrust.org.uk.

第七章　我在社会中的位置

一　富人的问题

建筑史学家莫道特·克鲁克所写的《暴发户的崛起》一书研究了英国 19 世纪下半叶财富和地位之间的冲突，非常精彩。它描写了贵族精英阶层最初如何拒绝暴发户们进入自己的社交圈，以及后来如何逐渐将新财富吸收到现有秩序中。

英国前首相本杰明·迪斯雷利在小说《西比尔》中讨论了富人的责任，至今这仍是一本颇具可读性的书。《西比尔》的副标题是“两个民族”，在迪斯雷利看来，富人和穷人属于两个不同的民族。他并不倡导均贫富，而是认为富人应该成为整个社会真正的道德表率。如果富人没有扮演这样的高贵角色，他会毫不留情地谴责他们。在英国首相们创作的所有作品中，《西比尔》最为出色。

在《你能挽救的生命》一书中，彼得·辛格提出了尖锐的观点，认为我们对每个身处劣境的人都承担着重大道德责任。这本书旨在让富人们拷问自己的良心，并心生愧疚之情。

二　贫穷的好处

《成德明镜》是一本追溯到14世纪的故事集，从圣方济各的人生故事说起。它让我们相信：甘受贫穷是人类的理想状态。

三　与金钱的亲密关系

巴尔扎克在《高老头》中描绘了吝啬鬼沉浸在自己财富中时的快乐。

歌德在他最出色的小说《威廉·麦斯特的学习时代》中描写了威廉对金钱态度的转变。一开始，威廉对商业很不屑，但后来开始对金钱产生健康的尊重之情，认为金钱是促进世界上的善举的必要因素。最终，他与一群强大的社会改革家一起，致力于通过良好的商业管理来改变世界。尽管这本书写于18世纪末，但其核心主题对于今天依然非常适用。在我的另一本书《爱情·生活·歌德》的第六部分，我更为详细地讨论了这些观点。

Notes